Planejamento e gestão da **aprendizagem por competências**

O65p   Ordoñez, Ana Manuela.
          Planejamento e gestão da aprendizagem por competências : além do conteúdo na educação superior / Ana Manuela Ordoñez, Fausto Camargo, Priscilla Higashi. Porto Alegre : Penso, 2023.
          xiv, 106 p. : il. ; 23 cm.

       ISBN 978-65-5976-034-3

       1. Educação. 2. Didática. 3. Ensino superior. I. Camargo, Fausto. II. Higashi, Priscilla. III. Título.

CDU 37.04

Catalogação na publicação: Karin Lorien Menoncin – CRB 10/2147

ANA MANUELA ORDOÑEZ
FAUSTO CAMARGO
PRISCILLA HIGASHI

Planejamento e gestão da **aprendizagem por competências**

além do conteúdo na **educação superior**

Porto Alegre
2023

© Grupo A Educação S.A., 2023.

Gerente editorial
Letícia Bispo de Lima

Colaboraram nesta edição:

Coordenadora editorial
Cláudia Bittencourt

Editor
Lucas Reis Gonçalves

Capa
Paola Manica | Brand&Book

Preparação de originais
Leonardo Augusto Martins Vargas

Leitura final
Luana R. Truyllio

Editoração
Ledur Serviços Editoriais Ltda.

Reservados todos os direitos de publicação ao
GRUPO A EDUCAÇÃO S.A.
(Penso é um selo editorial do GRUPO A EDUCAÇÃO S.A.)
Rua Ernesto Alves, 150 – Bairro Floresta
90220-190 – Porto Alegre – RS
Fone: (51) 3027-7000

SAC 0800 703 3444 – www.grupoa.com.br

É proibida a duplicação ou reprodução deste volume, no todo ou em parte, sob quaisquer formas ou por quaisquer meios (eletrônico, mecânico, gravação, fotocópia, distribuição na Web e outros), sem permissão expressa da Editora.

IMPRESSO NO BRASIL
PRINTED IN BRAZIL

*A todos os educadores, que são desafiados
continuamente na busca por melhores resultados
na aprendizagem para a vida.*

Autores

Ana Manuela Ordoñez é Pró-reitora Acadêmica do Centro Universitário União das Américas (UniAmérica) Descomplica. Graduada em Nutrição pela UniAmérica Descomplica, é Mestra em Saúde da Criança e do Adolescente pela Universidade Federal do Paraná (UFPR) e Especialista em Nutrição Enteral e Parenteral pela Sociedade Brasileira de Nutrição Parenteral e Enteral (SBNPE) e em Terapia Nutricional com Treinamento em Serviço pela UFPR. Atuou como nutricionista clínica membro de equipe multiprofissional de terapia nutricional (EMTN) hospitalar e tem experiência em nutrição clínica e em nutrição enteral e parenteral. Tem MBA em Metodologias Ativas, Gestão da Aprendizagem e Educação Híbrida pela UniAmérica Descomplica. Tem experiência em gestão e docência do ensino superior nas modalidades presencial e EAD, na implantação de currículos com uso de metodologias ativas de aprendizagem, em aprendizagem baseada em projetos, em formação docente em metodologias ativas de aprendizagem, em formação por competências e em docência colaborativa.

Fausto Camargo é professor e coordenador do Curso de Administração da UniAmérica Descomplica. Graduado em Administração, é Doutor em Sociedade, Cultura e Fronteiras pela Universidade Estadual do Oeste do Paraná (Unioeste), com pesquisa voltada para a integração da educação superior entre Argentina, Brasil e Paraguai, Mestre em Ciências Sociais pela Universidade do Vale do Rio do Sinos (Unisinos) e Especialista em Gerenciamento de Micro e Pequenas Empresas pela Universidade Federal de Lavras (UFLA), em Gestão da Aprendizagem e em Metodologias Ativas pela UniAmérica Descomplica. É consultor educacional, palestrante e facilitador em *workshops* e treinamentos voltados para a formação docente. É autor dos livros *A sala de aula digital: estratégias pedagógicas para fomentar o aprendizado ativo, on-line e híbrido* e *A sala de aula inovadora: estratégias pedagógicas para fomentar o aprendizado ativo*, publicados pela Penso.

Priscilla Higashi é diretora acadêmica e consultora educacional da Faculdade Multiversa. Graduada em Enfermagem pela Universidade Estadual de Londrina (UEL), é Doutora em Ciências pela Escola de Enfermagem de Ribeirão Preto, da Universidade de São Paulo (EERP-USP), Mestra em Enfermagem pela Universidade Estadual Paulista Júlio Mesquita Filho (Unesp) e Especialista em Enfermagem em Unidade de Terapia Intensiva pela Pontifícia Universidade Católica de Campinas (PUC-Campinas) e em Gestão da Aprendizagem, em Metodologias Ativas e em Educação Híbrida pela UniAmérica Descomplica. Trabalha com educação desde 2003, sempre comprometida com os processos de ensino e aprendizagem. Tem experiência na implantação de metodologias ativas de aprendizagem, ensino híbrido, aprendizagem baseada em projetos, aprendizagem baseada em problemas e em formação docente. Atuou como professora e coordenadora do curso de Enfermagem da UniAmérica Descomplica.

Prefácio

A educação vem sendo desafiada, repensada e, consequentemente, tem passado por inovações na última década. Nós, professores e educadores, fomos provocados a proporcionar maior qualidade no processo de ensino e aprendizagem, pautados no desenvolvimento de competências e no uso de metodologias ativas de aprendizagem, tanto em ambientes presenciais como *on-line* e/ou híbridos, bem como desafiados na construção de ecossistemas de aprendizagem híbridos ou na implantação de novos modelos educacionais.

Assistimos e vivenciamos o uso cada vez mais amplo de novas metodologias bem como de novas maneiras de planejar, organizar cursos e currículos, aliados ao uso mais imbricado de tecnologias voltadas para a aprendizagem. Nesse cenário, é possível mencionar alguns avanços, como, por exemplo, a necessidade de maior planejamento de atividades de aprendizagem, o uso de recursos como o ambiente virtual de aprendizagem (AVA) e a implantação de trilhas de aprendizagem em cursos presenciais, conformando a educação híbrida.

Nesse contexto, a educação híbrida evidencia a sinergia que pode ser obtida entre os recursos advindos das modalidades de ensino presencial e da educação a distância, visando entregar maior qualidade no processo de ensino e aprendizagem a todos os atores envolvidos (estudantes, professores, gestores, educadores e instituições de ensino).

A cultura digital faz parte de nosso cotidiano. Por isso, acreditamos que falar de educação sem considerar esse imbricamento do físico (real) com o digital ou virtual pode ser um erro grosseiro de abordagem. O híbrido está presente em nossas vidas há algum tempo, tendo sido potencializado pela pandemia da covid-19. Assim, não podemos desconsiderar a necessidade de planejamento e inovação metodológica proveniente da sinergia promovida pela educação híbrida.

A educação híbrida possibilita muitos ganhos, entre eles:

- Planejamento: auxílio na elaboração do planejamento da aprendizagem, do nível estratégico ao tático — ou seja, da instituição de ensino superior (IES), do curso até a atividade ou aula em si —, de maneira mais eficiente e articulada.
- Gestão da aprendizagem: gerenciamento mais próximo da aprendizagem do estudante, mediado por tecnologia.
- Interação: interação e aproximação entre momentos *on-line* e *off-line*, voltados para a entrega de melhores resultados de aprendizagem.
- Criação e disponibilização de conteúdo: os professores têm a oportunidade de criar e disponibilizar seu próprio material de aula antecipadamente ou, ainda, de utilizar materiais didáticos de terceiros, otimizando o tempo dedicado ao desenvolvimento de competências.
- Avaliação: processo de avaliação de aprendizagem formativo, processual, indo ao encontro da realidade e das necessidades individuais dos estudantes (personalização da aprendizagem).
- Tutoria: possibilidade de os estudantes terem contato com tutores especialistas para resolverem dúvidas, antes ou depois da sala de aula.
- Experiência: experiência *campus* e interação colaborativa real, advinda da presencialidade.
- Competências: possibilidade de real desenvolvimento de competências, indo além da entrega de conteúdos.
- Currículos: inovação curricular e pedagógica, permitindo avançar para o desenvolvimento de habilidades cognitivas e comportamentais.
- Ecossistema: desenvolvimento de ecossistemas de aprendizagem híbridos.

Apresentar aqui parte dessa realidade foi desafiador. Afinal, este livro resulta das nossas vivência e experiências concretas no desenvolvimento e implantação de modelos híbridos inovadores, pautados na aprendizagem por competências, ou seja, em uma aprendizagem contextualizada, significativa, efetiva, que vai além do ensino meramente transmissivo ou reprodutor de conteúdos, em direção, também, ao desenvolvimento de habilidades comportamentais (*soft skills*). Talvez este seja um dos maiores desafios na educação: sair de uma cultura centrada no conteúdo para a construção de uma cultura centrada na formação pessoal e profissional pautada no saber-fazer-ser.

Como mencionado, este livro nasce da experiência e da vivência dos autores nesse cenário de inovação educacional. Procuramos traduzi-las de maneira prática e objetiva para que, assim como nós, você também promova a inovação na sala de aula, no curso, no currículo ou até no ecossistema educacional. Por que não?

Nosso convite é para que você potencialize esse espaço, físico e/ou digital denominado sala de aula ou instituição de ensino, tornando-o um verdadeiro catalisador da aprendizagem a favor do desenvolvimento de competências. Pense neste livro apenas como um *start*, um breve início, para que, junto com sua criatividade, você possa extrapolar, criar e recriar experiências de aprendizagem significativas e inovadoras.

Desejamos sucesso na sua jornada de inovação educacional.

A educação transforma vidas, impulsiona o mundo!

Ana Manuela Ordoñez
Fausto Camargo
Priscilla Higashi

Sumário

Prefácio ix

Ana Manuela Ordoñez, Fausto Camargo e Priscilla Higashi

Como o livro foi organizado 1

Capítulo 1 A aprendizagem por competências 5

O que é competência? 7

As competências na educação superior 10

Competência geral e competências específicas 11

Funcionalidade das competências 22

Aplicação da funcionalidade das competências 23

O desafio da aprendizagem por competências 25

Hard skills × soft skills 26

Referências 31

Leituras recomendadas 32

Capítulo 2 Métodos de ensino por competências 33

Aprendizagem baseada em projetos 35

Metodologia da problematização 41

Aprendizagem baseada em problemas 52

Aprendizagem baseada em problemas ou problematização? 59

Aprendizagem baseada em desafios 60

Análise comparativa: ABPr, PBL e CBL 65

Roteiros de aprendizagem 66

Modelos educacionais brasileiros 72

Referências 74

Leituras recomendadas 75

xiv Sumário

Capítulo 3 As atividades de aprendizagem 77

Planejamento e gestão da aprendizagem 81

Planejamento colaborativo para o desenvolvimento
de competências.. 88

Referência 91

Leituras recomendadas... 91

Capítulo 4 Avaliação 93

Rubrica de aprendizagem.. 94

Feedback.. 97

Desafios para se avaliar o desenvolvimento de competências 99

Referência 101

Leituras recomendadas... 101

Capítulo 5 Desafios e perspectivas 103

Referência 106

Leituras recomendadas... 106

Como o livro foi organizado

Assim como vem ocorrendo em outras esferas da sociedade e em diversos segmentos organizacionais, a educação tem sido impactada pela transformação digital. Nos últimos anos assistimos, por exemplo, ao surgimento do atendimento médico telepresencial, à adoção de atendimento remoto por psicólogos e à realização de audiências judiciais remotas. Ao mesmo tempo, na última década a educação vinha sendo transformada, com a inserção de metodologias ativas de aprendizagem nas salas de aula presenciais, híbridas, remotas ou digitais.

No entanto, as transformações não param por aí. A partir da sala de aula é possível ampliar a inovação, transformando todo o ecossistema educacional, ou seja, não se limitando mais a esse espaço. Há, desse modo, influência sobre a arquitetura pedagógica, bem como sobre o planejamento e a inovação de cursos e currículos de aprendizagem. É nesse contexto que surge a proposta deste livro, que é evidenciar alternativas que possam ir ao encontro da aprendizagem voltada para o desenvolvimento de competências.

Tal concepção muda a lógica curricular que estamos acostumados a seguir quando pensamos e planejamos nossos cursos, currículos e aulas. Muitas vezes, ainda consideramos primeiro o conteúdo e, depois, a competência. Isso fica evidenciado em questões como "Onde está o conteúdo A?" ou "Como vou ensinar o conteúdo B?", que são frequentemente levantadas por profissionais da educação durante a elaboração de currículos.

Este livro foi pensado de maneira sistêmica, procurando correlacionar de forma prática os níveis de planejamento e seus respectivos elementos e objetos de aprendizagem, conectando-os. Assim, quando falamos de competência, estamos pensando de modo prático e macro para, depois, refletirmos sobre o método de ensino por competências que pode ser adotado numa organização curricular, chegando até o nível operacional, isto é, o dia a dia, a aula em si, ou a elaboração do estudante, independentemente do ambiente em que essa aula ocorra, seja ele físico, digital ou híbrido.

A abordagem deste livro parte do pressuposto de que o planejamento macro é realizado em decorrência da competência a ser desenvolvida, ou seja, aquilo que o estudante ou o profissional deve ser capaz de saber-fazer--ser. Para o desenvolvimento dessas competências, sugere-se a aplicação de métodos de aprendizagem que sejam mais favoráveis a elas. Eles podem ser aplicados ao curso ou ao currículo de modo geral, ancorando os ecossistemas de aprendizagem, ou, ainda, apenas às unidades curriculares do curso, isto é, às disciplinas. Posteriormente, no nível operacional, o planejamento da aprendizagem favorece o cotidiano escolar ou acadêmico, materializado no planejamento e na operação das atividades realizadas nas aulas (micro).

Veja na Figura 1 um esquema que sistematiza esses níveis de planejamento.

O ecossistema de aprendizagem híbrido permite a associação e a sinergia entre o *off-line* e o *on-line*, otimizando ambas as realidades e trazendo o que cada uma tem de melhor. É possível utilizar o *off-line* para entregar conteúdo com qualidade, que favoreça o primeiro contato com ele e o uso, por exemplo, das habilidades cognitivas de conhecimento e compreensão para, em um segundo momento, estimular habilidades cognitivas mais complexas, como a resolução de problemas, juntamente com habilidades comportamentais. Em outras palavras, tais recursos híbridos possibilitam o desenvolvimento efetivo de competências.

Ao planejar um curso, um currículo e uma unidade curricular sob essa lógica, ocorrem mudanças profundas no processo de aprendizagem, formando-se um novo ecossistema, do planejamento macro ao micro, ou seja, articulando diversos elementos, recursos e objetos de aprendizagem para favorecer o desenvolvimento de competências durante toda a jornada do estudante.

Este livro é organizado em cinco capítulos. O Capítulo 1 é dedicado à compreensão da aprendizagem por competências e à estruturação de um curso ou unidade curricular sob a ótica dessa abordagem. O Capítulo 2

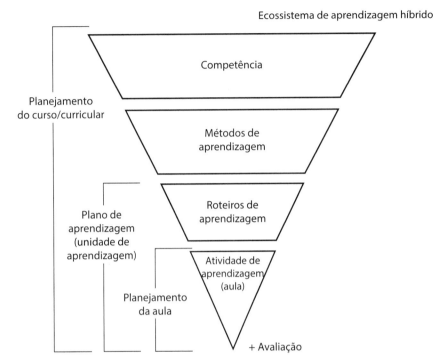

Figura 1 Níveis de planejamento.

aborda os métodos de ensino por competências, prováveis espinhas dorsais de modelos educacionais híbridos, apresentando três metodologias: a aprendizagem baseada em projetos, a aprendizagem baseada em problemas e suas derivações, e a aprendizagem baseada em desafios. Limitamo-nos a essas três abordagens por entender que, de maneira isolada, como metodologias estruturantes de cursos ou de ecossistemas educacionais híbridos, ou de forma combinada, elas oferecem inúmeras possibilidades de inovação. No Brasil, é possível encontrar currículos estruturados em projetos, em desafios e em problemas, sendo estes últimos historicamente explorados por cursos da área da saúde.

No Capítulo 3, detalhamos o planejamento de atividades de aprendizagem considerando os métodos de ensino por competências. Já no Capítulo 4, são brevemente abordados aspectos pertinentes ao processo de avaliação formativo e sua relação com o *feedback*. Por fim, no Capítulo 5, apresentamos desafios e perspectivas da educação superior, considerando o momento de transformação, inovação e hibridismo evidenciados pelo desenvolvimento e uso crescente da tecnologia.

Compreendemos que as transformações na educação estão, de maneira geral, apenas começando. Com este livro, esperamos contribuir de algum modo para que a inovação na educação possa transformar a vida das pessoas.

1

A aprendizagem por competências

O mundo mudou, e assim também a forma de ensinar e aprender deve se transformar. Hoje, são muitas as insatisfações relatadas por professores e estudantes, o que torna necessário repensar toda a experiência do aprender a fim de que ele seja significativo para o estudante.

Soma-se a isso o fato de que a digitalização conecta a cada dia mais pessoas e organizações numa grande rede, o que possibilita vivências e aprendizados nesse universo cada vez mais imbricado, ou seja, híbrido. Nesse cenário, surgem oportunidades de ensinar e aprender de diversas formas, com ou sem o uso das novas tecnologias e, principalmente, com foco no desenvolvimento de competências.

É sabido que a internet se tornou um grande repositório de informações. Porém, acessar conhecimentos é diferente de saber usá-los, dar-lhes significado ou, ainda, pensar criticamente sobre eles; afinal, nem toda informação disponível nessa grande rede é confiável. Torna-se fundamental, portanto, aproveitar cada vez mais os recursos digitais e físicos — o aprendizado "na ponta dos dedos" — na sala de aula híbrida.

Quando se diz que o aprendizado deve ser significativo, entende-se que ele deve fazer sentido para o estudante. Aprender, por exemplo, a fazer contas ou calcular uma equação de segundo grau muitas vezes não é, por si só, interessante para os alunos, não lhes desperta motivação e engajamento.

Tendo em vista que muitos desses alunos não conseguem relacionar a equação isolada a alguma aplicação em seu cotidiano, não identificam, portanto, o sentido, o significado desse aprendizado. Essa é uma das razões para o uso da aprendizagem por competências.

Em seu livro *21 lições para o século 21*, o historiador israelense Yuval Harari (2018) menciona que atualmente a última coisa de que o aluno precisa de um professor é informação. Em vez disso, o professor deve ajudá-lo a se tornar capaz de extrair e construir significado a partir da informação, percebendo diferenças, similaridades e aquilo que é pertinente, ou seja, combinar fragmentos de informação dispersos num amplo quadro (HARARI, 2018).

Na aprendizagem por competências, são planejadas e desenvolvidas ações que demandam a mobilização, simultânea e inter-relacionada, dos componentes conceituais, procedimentais e atitudinais. Isso porque uma competência é identificada como algo que qualquer pessoa precisa para responder aos problemas cotidianos (pessoais e profissionais) que enfrentará no decorrer de sua vida. Nessas situações, são demandadas competências e habilidades como, por exemplo, autonomia, criatividade, pensamento crítico, capacidade de resolução de problemas, entre outras.

Assim, é necessário refletir sobre a necessidade de conduzir o aprendizado dos estudantes considerando-se seu cotidiano e suas experiências de vida. Ainda, a experiência de ensinar e aprender deve privilegiar a problematização e a reflexão, em detrimento da reprodução e da memorização. Tais demandas podem ser atendidas pela educação híbrida, que permite a entrega *off-line* do conteúdo, favorecendo sua compreensão inicial pelo aluno que, posteriormente, pode se dedicar ao desenvolvimento de habilidades mais complexas, como a resolução de problemas, isto é, a elaboração e aplicação contextual do conhecimento. Com isso, substitui-se a abordagem meramente teórica por uma abordagem aplicada (teórica e prática), cujo objetivo é o desenvolvimento de competências.

A aprendizagem ocorre, portanto, quando é rica de significados, a ponto de despertar motivação e engajamento. Nesse sentido, o sociólogo italiano Domenico de Masi (2018, p. 319) destaca em seu livro *Uma simples revolução* a seguinte frase de John Dewey como o mais precioso de todos os seus ensinamentos: "Educar significa enriquecer as coisas de significado".

O QUE É COMPETÊNCIA?

Diferentes áreas do conhecimento refletem sobre as competências, cada uma à sua maneira. Para os economistas, por exemplo, o valor das competências está num determinado mercado, ao passo que para os sociólogos ele pode estar nas normas de excelência ou nos julgamentos num campo social. Os antropólogos, por sua vez, compreendem-nas como componentes de uma cultura e como condição de pertencimento à comunidade (produto de uma socialização). Já os psicólogos voltam-se para os mecanismos cognitivos e para os componentes emocionais do funcionamento das competências.

Perrenoud (2013) pontua que na ciência da educação e na ciência do trabalho há consenso em torno da definição de competência, que é entendida como o poder de agir com eficácia em uma determinada situação, mobilizando e combinando, em tempo real, recursos intelectuais e emocionais. Essa é a visão que adotamos aqui, ou seja, entendemos a competência como produto de uma aprendizagem contextualizada, fundamentada na ação humana.

A competência pode ser entendida como a capacidade de resolver problemas em qualquer situação e em diferentes contextos. Independentemente do nível de ensino, a educação tem como função preparar os estudantes para responderem às diversas situações com que podem se deparar no futuro. É possível afirmar que um indivíduo desenvolveu determinada competência se ele:

- mobiliza e combina diversos recursos — saberes (conhecimento), procedimentos ou habilidades (capacidades) e atitudes em determinada situação ou num conjunto de situações. A Figura 1.1 representa a competência e a mobilização desses recursos;
- apropria-se de novos recursos intelectuais (saberes), habilidades e atitudes a partir da realização de atividades ou da construção de artefatos do saber resultantes da ação humana (saber-fazer), partindo de uma situação-problema que exige uma intervenção para resolvê-la.

Presentes em tudo que aprendemos, esses três componentes procedimentais e atitudinais são indissociáveis, apesar de tradicionalmente o ensino ter se concentrado no conhecimento. Ainda assim, quando um pro-

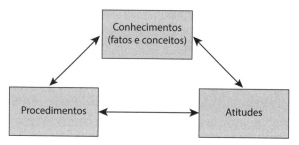

Figura 1.1 Componentes da competência.
Fonte: Adaptada de Zabala e Arnau (2020).

fessor ensina fração a partir do corte de uma maçã em quatro partes iguais (1/4) em uma aula de matemática, ele está associando o conceito de fração ao procedimento. Do mesmo modo, quando esse professor solicita a algum estudante que explique para os colegas como chegou ao resultado, ele espera que esse aluno realize um procedimento, o de explicar. Para chegar ao resultado, o estudante teve de articular elementos atitudinais, como proatividade e autonomia, e terá de ser empático durante a explicação aos demais. Embora muitos professores utilizem esse tipo de estratégia em aula, convém salientar que isso deve ser feito de forma planejada e voltada para o desenvolvimento das competências, ou seja, de modo contextualizado e significativo.

O componente **conhecimentos** abarca dois elementos: fatos e conceitos. Os fatos se referem aos conteúdos singulares, factuais, de aprendizagem, descritivos e concretos, como, por exemplo, que Brasília é a capital do Brasil; que aos 16 anos de idade o jovem já pode votar e que, aos 18, o voto se torna obrigatório; que a cada quatro anos ocorre a Copa do Mundo; que intervenções cirúrgicas são realizadas por profissionais da saúde; que na tabela periódica a letra K representa o elemento químico potássio. Já os conceitos consistem em ideias abstratas, como, por exemplo, o conceito de estruturalismo, usado na psicologia; o de relevo, usado na geografia; o de juros compostos, usado na matemática financeira; e o de *habeas corpus*, usado no Direito.

Por sua vez, os **procedimentos**, ou conteúdos procedimentais, são um conjunto de ações ordenadas e direcionadas para um determinado fim (o atingimento de determinada competência, a solução de um problema proposto, etc.), como, por exemplo, usar a fórmula de Bhaskara em um cálculo, redigir um plano de ensino, interpretar determinado contexto. Essas ações podem ser associadas às habilidades cognitivas. As competências específicas podem ser compreendidas como etapas ou estratégias para o desenvolvimento da competência geral. Sugere-se, na definição escrita da competência específica, o emprego do verbo no gerúndio, de maneira que aponte "o quê" e "como" (procedimento). Com o uso do verbo no gerúndio, fica mais claro o desenvolvimento e o desdobramento da competência geral, bem como o que avaliar no desenvolvimento da competência.

Para Zabala (1999), o aprendizado do conteúdo procedimental envolve algumas etapas, apresentadas a seguir.

a) Realização de ações: como já descrevemos, os procedimentos são conjuntos de ações ordenadas e direcionadas a uma finalidade. Eles são aprendidos à medida que são realizados. Por exemplo, aprendemos a falar e calcular enquanto falamos e calculamos, e isso é feito a partir de modelos que nos foram oferecidos e com a ajuda adequada: escutamos pessoas falando e observamos professores usando procedimentos para calcular. Então, aplicamos tais procedimentos em múltiplos contextos, isto é, ocorre a chamada "aplicação em contextos diferenciados". É por isso que uma proposta de ensino meramente expositiva se mostra incapaz de ensinar por competências, pois não se aprende um procedimento sem realizá-lo, repetidas vezes, com alguma ajuda ou apoio em alguma estratégia didática.

b) Exercício: é necessário realizar as ações repetidas vezes, até que se alcance o seu domínio.

c) Reflexão: repetir de forma irrefletida ações ou exercícios é insuficiente para chegar a seu domínio. É, portanto, imprescindível refletir sobre como eles estão sendo realizados e, ainda, sobre sua aplicação no dia a dia (p. ex., a aplicação de uma fração no uso cotidiano de dinheiro). Essa reflexão nos leva a pensar na funcionalidade, na aplicabilidade do conteúdo.

Como já mencionamos, o aprendizado só ocorre quando é significativo. Desse modo, o estudante deve reconhecer naquilo que está aprendendo um sentido, uma função, identificando possíveis aplicações desse novo aprendizado em seu cotidiano. Se não é conhecida a função de um determinado procedimento, ele não será utilizado na devida ocasião. Por isso, a aprendizagem por competências deve ir ao encontro do aprendizado significativo e funcional. Da mesma forma, para se obter mais proveito, é necessário planejar as atividades de aprendizagem para que elas se apresentem numa sequência clara, que proporcione o desenvolvimento gradual da competência.

> **DICA DOS ESPECIALISTAS**
>
> Com planejamento, a competência pode ser desenvolvida gradualmente, o que vai ao encontro do aprendizado formativo e, consequentemente, da avaliação formativa e processual. Para desenvolver, por exemplo, a capacidade de análise, pode ser preciso antes desenvolver as capacidades de identificar e descrever. Assim, pode ser interessante desdobrar em etapas o desenvolvimento de determinada competência, de modo que isso ocorra de maneira processual.

Por fim, as **atitudes** consistem em normas, princípios e condutas de comportamento que a resolução de determinada situação-problema poderá exigir. São exemplos de atitudes o trabalho em equipe, a solidariedade, a ética, o respeito pelos colegas e a persistência.

No ensino por competências, o estudante deverá, ao final, demonstrar de modo autônomo e independente como colocar em uso a competência aprendida, ou seja, mostrar sua competência e domínio naquilo que foi ensinado. Nesse sentido, o trabalho independente (saber-fazer autônomo) é uma meta a ser perseguida e orientada pelos docentes.

AS COMPETÊNCIAS NA EDUCAÇÃO SUPERIOR

As competências são amplamente abordadas na educação superior. As Diretrizes Curriculares Nacionais (DCNs) dos cursos de graduação propõem a utilização da abordagem por competências desde 2001. No entanto, ela foi pouco explorada até o momento.

O ensino por competências é uma proposta de aprendizagem global, envolvendo não apenas a transmissão de conhecimentos, mas também o ensino de habilidades (conteúdos procedimentais) e atitudes. Ao articular esses três elementos, espera-se que o estudante se desenvolva de modo amplo, tanto pessoal quanto profissionalmente. Na era da informação, o conhecimento isolado não é mais suficiente; é preciso aprender a aplicá-lo, dando a ele sentido e significado.

Nesse contexto, é fundamental que os estudantes desenvolvam competências que os tornem sujeitos autônomos e criativos, capazes de resolver problemas e aprender, pois esses atributos serão cada vez mais necessários em suas vidas. Isso porque tudo indica que estamos nos direcionando para um momento histórico em que atividades operacionais e repetitivas passarão a ser realizadas cada vez mais por máquinas.

Assim, o ensino por competências oferece novas possibilidades e sentidos no processo de ensino e aprendizagem, uma vez que privilegia a formação de sujeitos preparados para resolver problemas, sejam eles conhecidos ou inéditos, isto é, sujeitos capazes de responder também às eventualidades do futuro. Hoje, muitos estudantes estão se dedicando aos estudos para atuar em profissões que talvez deixem de existir ou sejam substituídas, ao passo que outros se preparam para ocupações que sequer existem no momento. Daí a importância da aprendizagem por competências, pois ela visa a formar pessoas autônomas, capazes de aprender e de resolver problemas.

COMPETÊNCIA GERAL E COMPETÊNCIAS ESPECÍFICAS

A competência, quando ampla, é chamada "competência geral", que na educação superior indica o fazer profissional vinculado ao resultado da aprendizagem. Essa competência mais ampla se desdobra, por sua vez, nas chamadas "competências específicas".

As competências específicas podem ser processos ou etapas para o desenvolvimento da competência geral (de competências mais complexas). Ao desdobrar a competência geral em competências específicas, sugere-se que sejam usados verbos no infinitivo, construções com substantivos, e verbos no gerúndio. O uso desses três recursos linguísticos evidencia as estratégias, os conteúdos e os instrumentos de avaliação da competência. Observe o exemplo a seguir.

Situação-problema: uma loja de varejo de eletrodomésticos localizada na Av. Brasil, na cidade de São Paulo, vem perdendo receita nos últimos períodos. Em seu planejamento de *marketing*, a empresa precisa definir ações voltadas para o seu público, mas tem dúvidas quanto ao perfil e ao comportamento de compra de seu consumidor. Seu desafio, portanto, é investigar o comportamento de compra do consumidor de eletrodomésticos do varejo para que possa, posteriormente, definir ações de *marketing* adequadas para esse público.

Resultado da aprendizagem: pesquisa de mercado para identificação e análise do comportamento do consumidor.

1. Competência geral — Procedimento — Conhecimento

Analisar *o comportamento do consumidor* de eletrodomésticos no varejo na Av. Brasil, em São Paulo, para tomadas de decisão autônomas e realistas. — Atitude

1.1. Competências específicas

a) Compreender aspectos que compõem *o perfil do consumidor*, discutindo-os e classificando-os na apresentação de estudos de caso.

b) Descrever os fatores que influenciam *o perfil do consumidor*, explicando-os na realização de estudos de caso, para os colegas.

c) Elaborar, em equipe, *questionário de pesquisa do perfil do consumidor*, considerando os fatores que influenciam o perfil do consumidor estudados anteriormente.

d) Aplicar questionário, em equipe, de modo ativo e autônomo, realizando pesquisa com consumidores do varejo de eletrodomésticos na Av. Brasil, na cidade de São Paulo.

e) Analisar os achados da pesquisa sobre o *perfil do consumidor no varejo*, diferenciando-os e questionando-os, em equipe, de forma respeitosa e crítica.

f) Demonstrar *fatores e tendências que influenciam a compra do consumidor*, produzido , em equipe, relatório do perfil e das tendências do consumidor no varejo, utilizando *técnicas de comunicação escrita empresarial.*

g) Realizar , de maneira proativa e autônoma, apresentação estruturada sobre o perfil do consumidor diagnosticado, com cordial e respeitosa comunicação interpessoal, utilizando *técnicas de apresentação oral.*

Definir claramente a competência que os professores gostariam que seus alunos desenvolvessem sobre determinado assunto liga-se intencionalmente ao resultado esperado da aprendizagem, relacionado ao conteúdo e à forma de aplicação. Assim, um critério pragmático que pode ser adotado para definir uma competência em um curso no ensino superior relaciona-se ao fazer profissional.

Nesse sentido, deve-se questionar: o que o profissional de _____ faz? Por exemplo, um profissional de administração pode elaborar um planejamento estratégico ou, como citado no exemplo, uma análise do comportamento do consumidor; um enfermeiro pode fazer um exame físico, elaborar um plano de cuidados básicos de enfermagem ou planejar uma campanha de imunização; um psicólogo pode elaborar um roteiro de anamnese. Nesse momento, evita-se pensar no conteúdo; é necessário concentrar-se na competência e no resultado da aprendizagem. O conteúdo é disponibilizado depois, como meio para o desenvolvimento da competência.

DICA DOS ESPECIALISTAS

Para a redação da competência, sugere-se o emprego de verbos de ação em sua forma infinitiva complementados por construções com substantivos. A forma infinitiva dos verbos de ação (p. ex., "elaborar") será usada para designar as habilidades cognitivas a serem desenvolvidas, ao passo que as construções com substantivos (p. ex., "programas de saúde mental") vão definir a dimensão do conhecimento, ou seja, o "o quê". Por sua vez, o verbo no gerúndio (p. ex., "demonstrando") poderá ser utilizado como auxiliar na definição da estratégia procedimental, isto é, da maneira como a ação será realizada (meio) para se chegar ao resultado (fim) — por exemplo, "demonstrando fatores e tendências que influenciam a decisão de compra do consumidor".

O uso do gerúndio explicita o procedimento a ser realizado no desenvolvimento da competência específica. A definição do procedimento é importante para o planejamento docente de um projeto, disciplina ou unidade curricular, uma vez que ele vai indicar o que e quando deve ser feito.

Para a definição da competência e dos conteúdos procedimentais, pode-se utilizar como recurso auxiliar a taxonomia de Bloom revisada. Em 1956, o psicólogo e pedagogo norte-americano Benjamin Bloom publicou, juntamente com os colaboradores Max Englehart, Edward Furst, Walter Hill e David Krathwohl, uma estrutura que ajudava a categorizar os objetivos educacionais. Posteriormente, em 2001, um grupo de psicólogos cognitivos, teóricos do currículo, pesquisadores instrucionais e especialistas em testes e avaliações publicaram uma revisão da taxonomia de Bloom, sob o título *The taxonomy for learning, teaching, and assessing* (A taxonomia para ensino, aprendizagem e avaliação). Esse grupo de pesquisadores foi supervisionado por Lorin Anderson e David Krathwohl (2001), tendo este último participado da elaboração da taxonomia de Bloom, em 1956. O título desse novo trabalho afasta a noção anterior de objetivos educacionais, que era estática (na obra original de Bloom), apontando para uma concepção mais ampla. Os pesquisadores usaram verbos no infinitivo e no gerúndio para rotular as categorias e subcategorias, em vez de substantivos. Os verbos no infinitivo apontam para a habilidade cognitiva, e os verbos no gerúndio, para o procedimento para o desenvolvimento da habilidade.

Na dimensão do processo cognitivo, foram mantidas as seis categorias presentes no trabalho anterior, com poucas alterações, sintetizadas em: 1) lembrar, 2) entender, 3) aplicar, 4) analisar, 5) avaliar e 6) criar. Juntamente com essas categorias, foram destacados os conteúdos procedimentais, com verbos no gerúndio. Assim, para melhor compreensão e definição da competência, podem-se empregar verbos no infinitivo — tais como "compreender", "aplicar" e "analisar" — para apontar o conhecimento a ser apropriado e verbos no gerúndio para evidenciar o procedimento a ser realizado no desenvolvimento da competência.

O Quadro 1.1 apresenta a taxonomia de Bloom revisada.

Planejamento e gestão da aprendizagem por competências **15**

QUADRO 1.1 Taxonomia de Bloom revisada

Categorias e processos cognitivos (apropriação do conhecimento)	Conteúdo procedimental
1. Lembrar: processo cognitivo de reconhecer e reproduzir ideias e conteúdos. Lembrar ou, ainda, reconhecer envolvem o processo de distinguir e selecionar uma informação. Reproduzir ou lembrar correspondem à busca por informação relevante memorizada.	Reconhecendo Revisando Identificando Reproduzindo Descrevendo Denominando Listando Nomeando Realçando Apontando Declarando Rotulando Ordenando
2. Entender: processo cognitivo de reproduzir, com outras palavras, o conhecimento previamente adquirido. Nesse caso, a habilidade de entender é evidenciada quando o estudante consegue interpretar e reproduzir o conhecimento a partir de sua compreensão, ou seja, com suas próprias palavras.	Interpretando Esclarecendo Parafraseando Representando Traduzindo Exemplificando Ilustrando Classificando Categorizando Subsumindo Sumarizando Generalizando Inferindo Concluindo Extrapolando Interpolando Predizendo Comparando Contrastando Mapeando Cotejando Coincidindo Explicando Construindo (exemplos, modelos) Discutindo Convertendo Reescrevendo Resumindo

(Continua)

QUADRO 1.1 Taxonomia de Bloom revisada *(Continuação)*

Categorias e processos cognitivos (apropriação do conhecimento)	Conteúdo procedimental
3. Aplicar: processo cognitivo de executar, utilizar, colocar em prática um procedimento numa situação específica. Aplicar também se refere ao emprego de um conhecimento em determinada situação.	Executando Realizando Implementando Utilizando Demonstrando Empregando Manipulando Tabulando Relatando
4. Analisar: processo cognitivo de dividir o objeto de estudo analisado em partes (p. ex.: relevantes e irrelevantes, importantes e menos importantes, etc.) para compreender a inter-relação ou interdependência existente entre as partes e das partes com o todo (causas e consequências/efeitos).	Diferenciando Discriminando Distinguindo Concentrando Selecionando Organizando Encontrando/procurando coerência Integrando Delineando Decompondo Estruturando Sistematizando Atribuindo Desconstruindo Fragmentando Dividindo (e/ou subdividindo) Contrastando Diagramando Examinando Esquematizando Questionando Separando Relacionando
5. Avaliar: processo cognitivo de realizar julgamentos (p. ex.: tomar decisões, formar conceitos ou emitir opiniões qualificadas sobre determinado tema) com base em critérios e padrões qualitativos e/ou quantitativos.	Checando Verificando Monitorando Acompanhando Testando Criticando Julgando Decidindo Averiguando Validando Criticando Justificando (isto é, dizendo os porquês)

(Continua)

Planejamento e gestão da aprendizagem por competências **17**

QUADRO 1.1 Taxonomia de Bloom revisada *(Continuação)*

Categorias e processos cognitivos (apropriação do conhecimento)	Conteúdo procedimental
6. Criar: processo cognitivo de relacionar e articular diversos elementos (de forma interdisciplinar, considerando-se a interdependência de conceitos e habilidades) com o objetivo de criar algo novo, seja uma nova visão acerca de algo, uma nova solução para um problema, uma nova estrutura ou um novo modelo. Ou seja, refere-se ao desenvolvimento de ideias, produtos e métodos originais a partir de conhecimentos e habilidades adquiridos previamente.	Generalizando Hipotetizando Planejando Projetando Produzindo Elaborando Construindo Criando Inventando Formulando Compilando Desenhando Propondo Concebendo

Fonte: Elaborado com base em Bloom *et al.* (1956), Bloom (1986) e Anderson e Krathwohl (2001).

As competências gerais e específicas podem ser organizadas de maneira a evidenciar cada elemento da competência (conhecimentos, habilidades e atitudes), conforme exemplificado no Quadro 1.2.

As atividades apresentadas no Quadro 1.2 podem ser realizadas em uma ou mais aulas, dependendo da complexidade e do tempo estimado para o desenvolvimento da competência.

Uma unidade curricular pode ter apenas uma competência geral ou mais de uma. Por sua vez, a quantidade de competências específicas deve ser definida visando a atender ao desenvolvimento gradual da competência, considerando-se também a complexidade e a carga horária da disciplina, projeto ou outro formato adotado pelo curso para designar a unidade curricular.

DICA DOS ESPECIALISTAS

As atividades de aprendizagem podem ser planejadas não apenas para desenvolver a aprendizagem (finalidade), mas também para engajar e motivar, com o uso combinado de estratégias ativas de aprendizagem (abordadas no Capítulo 3). Assim, quando a competência visar, por exemplo, à análise de algo em equipe, a atividade a ser realizada poderá consistir na elaboração de um quadro comparativo colaborativo.

QUADRO 1.2 Organização das competências

Competência geral	Competências específicas	Atividades de aprendizagem (durante uma ou mais aulas) – *(sinalizadas pelos verbos de ação + gerúndio)*	Conhecimento	Habilidades/ procedimentos	Atitudes
1. Analisar o comportamento do consumidor de eletrodomésticos no varejo na Av. Brasil, em São Paulo, para tomadas de decisão autônomas e realistas.	a) Compreender aspectos que compõem o perfil do consumidor, discutindo-os e classificando-os na realização de estudos de caso.	Atividade 1 Discutir estudos de caso.	Comportamento do consumidor; perfil do consumidor.	Compreender, discutir, classificar.	Criticidade, trabalho em equipe.
	b) Descrever os fatores que influenciam o perfil do consumidor, explicando-os na apresentação de estudos de caso, para os colegas.	Atividade 2 Discutir estudos de caso.	Fatores que influenciam o comportamento do consumidor.	Descrever, explicar.	Criticidade, trabalho em equipe.
	c) Elaborar, em equipe, questionário de pesquisa do perfil do consumidor, considerando os fatores que influenciam o perfil do consumidor estudados anteriormente.	Atividade 3 Elaborar, em equipe, questionário de pesquisa do perfil do consumidor.	Questionário de pesquisa do perfil do consumidor; fatores que influenciam a decisão de compra do consumidor.	Elaborar.	Trabalho em equipe.
	d) Aplicar questionário em equipe, de modo ativo e autônomo, realizando pesquisa com consumidores do varejo de eletrodomésticos na Av. Brasil, na cidade de São Paulo.	Atividade 4 Realizar coleta de dados.	Coleta de dados.	Realizar pesquisa; coletar dados.	Autonomia.

(Continua)

QUADRO 1.2 Organização das competências *(Continuação)*

Competência geral	Competências específicas	Atividades de aprendizagem (durante uma ou mais aulas) – *(sinalizadas pelos verbos de ação + gerúndio)*	Conhecimento	Habilidades/ procedimentos	Atitudes
1. Analisar o comportamento do consumidor de eletrodomésticos no varejo na Av. Brasil, em São Paulo, para tomadas de decisão autônomas e realistas.	e) Analisar os achados da pesquisa sobre o perfil do consumidor no varejo, diferenciando-os e questionando-os, em equipe, de forma respeitosa e crítica.	Atividade 5 Tabular dados coletados.	Tabulação de dados.	Tabular, organizar dados.	Autonomia.
		Atividade 6 Analisar dados.	Análise de dados.	Diferenciar, questionar.	Trabalho em equipe, criticidade, ética.
	f) Demonstrar fatores e tendências que influenciam a compra do consumidor, produzindo, em equipe, relatório do perfil e das tendências do consumidor no varejo, utilizando técnicas de comunicação escrita empresarial.	Atividade 7 Produzir, em equipe, relatório do perfil e das tendências do consumidor.	Fatores e tendências que influenciam a compra do consumidor; relatório do perfil e das tendências do consumidor; técnicas de comunicação escrita empresarial.	Elaborar, produzir.	Trabalho em equipe.
	g) Realizar, de maneira proativa e autônoma, apresentação estruturada sobre o perfil do consumidor diagnosticado, com cordial e respeitosa comunicação interpessoal, utilizando técnicas de apresentação oral.	Atividade 8 Apresentar relatório sobre o perfil do consumidor identificado.	Técnicas de apresentação oral.	Desenvolver a comunicabilidade oral.	Proatividade, autonomia, ética.

Essa organização da unidade curricular pode ser aplicada, portanto, no desenvolvimento de currículos por competências, observando-se, no ensino superior, as DCNs dos cursos de graduação e, no ensino básico, a Base Nacional Comum Curricular (BNCC), além de outros documentos oficiais que orientam a educação no Brasil.

O desenvolvimento de certas habilidades cognitivas pode demandar um domínio prévio de outras habilidades, e, desse modo, é possível que a habilidade apontada na competência geral deva ser mais bem detalhada na competência específica. Por exemplo, a habilidade de análise consiste na capacidade de subdividir o objeto de estudo em partes menores para buscar compreender as relações existentes entre elas (p. ex., relações de causa e consequência). Assim, essa habilidade pode exigir do estudante o domínio prévio de outras habilidades, como as de identificar, comparar, ilustrar, apontar e diferenciar. Como vimos no Quadro 1.2, todas essas habilidades necessárias podem ser desenvolvidas em etapas estruturadas em direção ao resultado esperado: a análise.

Portanto, estudantes e professores devem partir das habilidades cognitivas mais simples para as mais complexas. Essa necessidade se expressa na própria maneira como as competências específicas são redigidas, apoiando a competência geral. Assim, para se chegar à análise, antes pode ser necessário desenvolver as habilidades de identificar, comparar e diferenciar. O emprego desses verbos na descrição da competência (resultado esperado) auxilia os professores tanto na definição da competência quanto na posterior elaboração dos planos de aprendizagem e de aula.

Ao mesmo tempo, percebe-se que os elementos atitudinais — ou seja, as habilidades comportamentais — podem ser empregados conjuntamente com as habilidades cognitivas, compondo a competência.

Ensinar e aprender por competências pode, portanto, ter como finalidade o desenvolvimento de atividades (p. ex., analisar em equipe o comportamento do consumidor de determinado segmento) ou, ainda, a realização de tarefas ou a elaboração de produtos com qualidade (FAVA, 2018). Para entregar um produto ou artefato do saber, o estudante precisa associar conhecimentos, procedimentos e atitudes, e as aulas, ou atividades de aprendizagem, podem gerar engajamento como meio para o desenvolvimento da competência (Figura 1.2). O produto é o resultado da competência, articulando esses três elementos com o auxílio de uma atividade de aprendizagem que leve à elaboração daquilo que se espera que a competência evidencie.

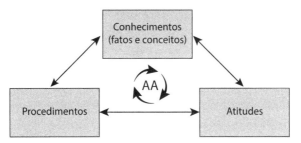

Figura 1.2 Competência (fim) articulada com a atividade de aprendizagem (AA).
Fonte: Adaptada de Zabala e Arnau (2020).

Nesse sentido, o planejamento da atividade de aprendizagem na educação híbrida é essencial para o desenvolvimento das competências, ou seja, para o desenvolvimento de produtos. No ensino superior, esses produtos podem consistir em entregas profissionais reais ou simuladas. Por exemplo, um estudante de pedagogia pode ter de elaborar, como trabalho final de determinada disciplina ou projeto, um planejamento curricular de educação física para a educação básica de uma escola pública; um aluno de administração, uma pesquisa de mercado sobre a satisfação de estudantes de um curso superior da região; e um aluno de psicologia, um programa de saúde mental para uma indústria ou um programa de orientação profissional para jovens estudantes de uma escola pública.

Isso também vale para a aplicação da aprendizagem por competências na educação básica. Por exemplo, se o assunto em sala de aula for políticas públicas, os estudantes podem elaborar uma campanha de conscientização em relação a doenças provenientes da falta de tratamento hídrico em determinado bairro; nas aulas de língua inglesa, os alunos podem escrever uma carta para a rainha da Inglaterra; e, nas aulas de ciências, eles podem desenvolver um conjunto de ações para a preservação do planeta. Como se vê, as características mencionadas (conhecimentos, procedimentos e atitudes) estão todas associadas a uma determinada situação ou a um conjunto de situações.

Ao definir as competências e organizá-las (conforme ilustrado no Quadro 1.2), é possível visualizar o plano de ensino e aprendizagem, juntamente com as ementas, os conhecimentos a serem trabalhados, as habilidades e procedimentos envolvidos, os aspectos atitudinais e com os planos de aula, em uma abordagem envolvente, ativa e global.

O ensino por competências vai ao encontro da aprendizagem significativa. Uma vez que a competência tende a ser global e abranger aspectos que vão além do conhecimento (p. ex., os conteúdos procedimentais e atitudinais), faz-se necessário conhecer diferentes métodos para o ensino por competências.

A partir da definição das competências durante o planejamento das aulas, do semestre ou do ano letivo de determinada disciplina ou projeto, as metodologias ativas surgem como um meio de aprendizagem. A escolha do método a ser utilizado se dá em função da competência que se pretende desenvolver ou, ainda, do resultado esperado, que pode ir desde o desenvolvimento da capacidade de resolução de problemas (competência/habilidade) até a elaboração de determinado produto, ou artefato do saber (relatório, diagnóstico, etc.). Posteriormente, sugere-se a escolha e o planejamento das atividades de aprendizagem, bem como a definição da forma de avaliação mais adequada à proposta de ensino por competências.

No Capítulo 2, abordamos três métodos de ensino por competências: a aprendizagem baseada em projetos, a aprendizagem baseada em problemas e a aprendizagem baseada em desafios. Já nos Capítulos 3 e 4, discutimos o planejamento das atividades de aprendizagem e o processo de avaliação, respectivamente.

FUNCIONALIDADE DAS COMPETÊNCIAS

Na aprendizagem por competências, parte-se do pressuposto de que a construção da competência se dá a partir da integração da teoria com a prática, ou seja, entende-se que é por meio da resolução de problemas que estudantes e professores desenvolvem competências.

A pressão pela funcionalidade na aprendizagem reforça a necessidade cada vez maior de se adotar a aprendizagem por competências. Essa pressão se manifesta, por exemplo, nos discursos acerca da incapacidade demonstrada por profissionais escolarizados de aplicar em seu cotidiano os conhecimentos que construíram teoricamente. Muitas vezes isso é um indicativo da desconexão entre teoria e prática na educação, o que, por sua vez, acaba estimulando a adoção do ensino por competências.

APLICAÇÃO DA FUNCIONALIDADE DAS COMPETÊNCIAS

A aprendizagem por competências é funcional, ou seja, dá significado ao aprendizado do estudante. Por exemplo, estudar equação de segundo grau sem saber para que ela serve não é funcional, ao passo que aprender fração a partir da divisão de um livro em quatro partes (1/4) faz sentido para o estudante, isto é, agrega funcionalidade à aprendizagem. A aprendizagem tradicional, mecânica e baseada em aulas expositivas nem sempre leva à aprendizagem global, uma vez que restringe seu foco ao componente conceitual (conhecimento) e, assim, deixa de abordar os componentes procedimentais e atitudinais.

Como afirmam Zabala e Arnau (2010, p. 15), a funcionalidade:

> [...] nos permite valorizar, por um lado, os conhecimentos teóricos envolvidos implicados no conteúdo procedimental que deve ser aprendido e, por outro, a necessidade de que esses conhecimentos estejam em função do uso, ou seja, de sua funcionalidade.

Tal assertiva vai ao encontro da aprendizagem *just-in-time*, isto é, da aplicação do conhecimento em função da competência que se espera desenvolver.

Na abordagem por competências, a disponibilidade do conhecimento deve respeitar a funcionalidade, ou seja, a aplicabilidade. Nesse sentido, o conteúdo vai ser disponibilizado apenas quando o estudante estiver aprendendo aquele assunto, em vez de ser disponibilizada toda uma temática com a expectativa de que o estudante vá aplicar, no futuro, aquele conhecimento. Embora possa parecer interessante que o estudante saiba utilizar os conhecimentos das disciplinas convencionais (matemática, física, química, etc.) em contextos isolados, isso não é suficiente. O que realmente interessa para a funcionalidade é a capacidade de aplicar o conhecimento na resolução de problemas reais.

Nesse sentido, Lima (2005, documento *on-line*) aponta que:

> [...] se o conteúdo não apresentar funcionalidade, isto é, possibilidade de utilização ou relação com as circunstâncias nas quais o estudante estiver envolvido, ele pode até memorizá-lo, porém não há garantia a respeito do tempo de retenção, nem do grau de integração ou modificação que serão produzidas sobre as relações e esquemas de conhecimento previamente adquiridos.

A funcionalidade é a característica de um conteúdo de aprendizagem que remete seu uso a determinadas situações da vida real. Refere-se, portanto, a conteúdos que possam ser disponibilizados e aplicados em situações reais.

O Quadro 1.3 ilustra a disponibilização dos conteúdos conforme a funcionalidade.

QUADRO 1.3 Roteiro de aprendizagem e funcionalidade da competência

Roteiro de aprendizagem

Competência geral

Analisar o comportamento do consumidor de eletrodomésticos no varejo na Av. Brasil, em São Paulo, para tomadas de decisão autônomas e realistas.

Competências específicas

a. ...
b. Descrever os fatores que influenciam o perfil do consumidor, explicando-os na apresentação de estudos de caso para os colegas.
c. ...
d. Aplicar questionário, em equipe, de modo ativo e autônomo, realizando pesquisa com consumidores do varejo de eletrodomésticos na Av. Brasil, na cidade de São Paulo.
e. ...
f. Demonstrar fatores e tendências que influenciam a compra do consumidor, produzindo, em equipe, relatório do perfil e das tendências do consumidor no varejo, utilizando técnicas de comunicação escrita empresarial.

Método de ensino por competências

Aprendizagem baseada em projetos.

Conteúdos (disponibilização conforme funcionalidade/aplicação)

Competência "a"

Conhecimentos:
- fundamentos do comportamento de compra do consumidor;
- fatores (sociais, culturais e psicológicos) que influenciam o comportamento de compra do consumidor.

Competência "c"

Conhecimentos:
- medição e escalonamento;
- questionários e formulários de pesquisa;
- estatística — amostragem.

Procedimentos: coleta de dados (ir a campo), realização da pesquisa (aplicação).

Atitudes: trabalho em equipe, proatividade, autonomia e ética (em pesquisa e no campo profissional).

Competência "e"

Conhecimentos:
- redação;
- normas da língua portuguesa;
- normas de escrita acadêmica (ex.: ABNT);
- relatório de consultoria.

Conteúdos procedimentais: demonstrar.

Conteúdos atitudinais: trabalho colaborativo e ética.

> **DICA DOS ESPECIALISTAS**
>
> A funcionalidade leva à disponibilização do conteúdo de aprendizagem quando for aplicado, integrando teoria e prática de forma mais efetiva. O conteúdo, portanto, é disponibilizado *just-in-time* — ou seja, os conhecimentos estão em função do seu uso (funcionalidade) —, em vez de ser disponibilizado sem que haja aplicação para ele naquele momento, esperando-se que o estudante venha a usá-lo apenas quando, no futuro, se deparar com algum problema cuja resolução demande seu uso. Neste último caso, o conteúdo deixa de fazer sentido para o aluno no momento da aprendizagem. Considerando isso, é interessante pensar primeiro na competência e somente depois, por último, na disponibilização do conteúdo de modo interdisciplinar.

A funcionalidade implica uma aprendizagem significativa e, desse modo, está alinhada com o ensino por competências, visto que ele tem como característica essencial a aplicabilidade de cada um dos componentes (conhecimentos, habilidades e atitudes). A disponibilização dos conhecimentos deve servir à sua aplicação, pois, quando o estudante utiliza o conhecimento em situações reais, tem maior chance de retê-lo e de se apropriar dele, em comparação com o processo de simplesmente memorizá-lo.

O DESAFIO DA APRENDIZAGEM POR COMPETÊNCIAS

Ensinar por competências é desafiador. A taxonomia de Bloom clássica, amplamente difundida e utilizada por muitos professores, foi útil no passado para auxiliar no estabelecimento de objetivos de ensino. No entanto, atualmente ela se mostra limitada, uma vez que tem havido um redirecionamento de foco: cada vez mais saindo do ensino e se direcionando para a aprendizagem, especialmente para a aprendizagem por competências.

A taxonomia de Bloom foi apresentada como uma alternativa restrita aos objetivos educacionais, limitando-se aos processos cognitivos, e, ainda, como uma estrutura hierárquica — da simples informação à avaliação complexa. Sabe-se atualmente que a aprendizagem envolve, por exemplo, as experiências, os sentimentos e as crenças dos estudantes, bem como o ambiente sociocultural tanto da sala de aula quanto externo a ela. Em outras palavras, a taxonomia de Bloom restringe-se ao aspecto cognitivo na aprendizagem, desconsiderando os aspectos sociais e comportamentais.

Nesse cenário, deve-se ter cuidado para não se restringir ao aspecto cognitivo e procedimental nas chamadas *hard skills*, desconsiderando os aspectos atitudinais. O desenvolvimento de competências envolve outros elementos além dos cognitivos e procedimentais (conhecimento técnico, específico, de uma competência), incluindo componentes atitudinais. Isso leva à ampliação da aprendizagem, que passa a ser voltada também para as *soft skills*.

HARD SKILLS × SOFT SKILLS

As *hard skills* referem-se às habilidades técnicas de uma profissão, e as *soft skills* voltam-se para as habilidades comportamentais. Talvez a aprendizagem voltada também para os aspectos atitudinais seja uma das maiores inovações na aprendizagem. Nesse contexto, a sinergia entre conhecimento, procedimento e atitude pode levar ao entrelaçamento de dois eixos de uma espiral: o eixo cognitivo e o eixo socioemocional-atitudinal. Em outros termos, tem-se o imbricamento das *hard skills* com as *soft skills* observado na Figura 1.3.

Cada vez mais educadores voltam sua atenção para o desenvolvimento de competências. É possível compreender as chamadas *hard skills* e *soft skills*, em seu conjunto, como sinônimos de competências. As *hard skills* referem-se às habilidades técnicas, isto é, são as habilidades adquiridas com a formação profissional ou graduação acadêmica (conhecimento explícito). São habilidades técnicas que podem ser aprendidas na sala de aula (presencial ou virtual) ou no trabalho.

As *hard skills* são um tipo de conhecimento facilmente documentado, formado e articulado, constituindo a esfera de conhecimento em uma empresa (conhecimento explícito). Podem ser criadas, escritas e transferidas entre pessoas e organizações com maior facilidade. Nesse sentido, as habilidades cognitivas e técnicas relacionam-se às tarefas no trabalho.

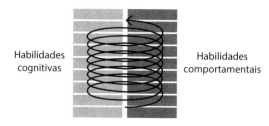

Figura 1.3 Imbricamento entre as *hard skills* e as *soft skills*.

Ao mesmo tempo, elas permitem a avaliação a partir de testes técnicos ou testes práticos. Os elementos das *hard skills*, ao se vincularem com o quociente de inteligência, podem ser associados a indicadores como contagem, análise, memorização, abrangência de conhecimento e pensamento crítico. Tais elementos se relacionam facilmente ao domínio da ciência, da tecnologia e das chamadas "habilidades técnicas". As *hard skills* são relativamente fáceis de mensurar uma vez que, por exemplo, o conhecimento pode ser medido por meio de uma avaliação formal (objetiva ou dissertativa), e a habilidade técnica pode ser avaliada pela realização de uma tarefa, como o uso de cálculos, a escrita de um algoritmo, a elaboração de um fluxograma ou a manualização de um procedimento. Por isso, as *hard skills* são facilmente vinculadas a habilidades como a capacidade de dominar vários conceitos no campo de estudo, ou, ainda, às habilidades para definir, calcular, explicar, descrever, classificar, identificar, prever, analisar, comparar, diferenciar e tirar conclusões a partir de vários conceitos, dados e fatos relacionados a um assunto.

Já as *soft skills* consistem em habilidades comportamentais, relacionadas ao quociente emocional (QE), isto é, à forma de interagir com as pessoas. São mais subjetivas e difíceis de avaliar. Também podem ser compreendidas como habilidades socioemocionais, como motivação, empatia, criatividade, liderança, comunicação interpessoal, atitudes, inteligência emocional, compaixão, autoconsciência, autogestão, pensamento sistêmico, comprometimento, entre outras.

Historicamente, o ensino superior preocupou-se fortemente com as *hard skills*. No entanto, como já aventado durante o Fórum Econômico Mundial de 2019, as *soft skills* serão cada vez mais necessárias para o mundo do trabalho em uma sociedade que passa por muitas transformações e automatização de tarefas rotineiras ou operacionais. Essas habilidades também são mais valorizadas entre os integrantes de uma equipe, uma vez que indivíduos com *soft skills* se revelam bons colaboradores organizacionais e líderes eficazes.

As *soft skills* se voltam aos aspectos humanos, cada vez mais ressaltados com a transformação digital. É mais difícil desenvolver essas habilidades por meio da aprendizagem formal ou compartilhá-las. Tal afirmação parte da premissa de que o desenvolvimento de *soft skills* requer uma transformação pessoal, íntima, e a interação entre as pessoas. As *soft skills* vinculam-se às ações e experiências das pessoas (conhecimento tácito), incluindo os ideais, os valores e as emoções. Nesse cenário, a educação híbrida deve dar suporte à realização de experiências de aprendizagem.

Um estudo feito em Dunedin, na Nova Zelândia, mencionado por Goleman e Senge (2016), sobre o desenvolvimento das *soft skills* ainda na infância indicou que as crianças que receberam instruções voltadas ao desenvolvimento das *soft skills* obtiveram maior sucesso profissional, bem como melhor desenvolvimento pessoal, exemplificados em melhores rendimentos financeiros e na estabilidade socioeconômica. Isso, aliás, foi mais determinante do que o QI ou o *status* socioeconômico da família, uma vez que este pode levar ao desenvolvimento de habilidades cognitivas. Mischel (2016) foi em uma direção semelhante ao apontar a importância do autocontrole e da autorregulação emocional no desenvolvimento da força de vontade, o que, consequentemente, impacta a aprendizagem.

Tais pesquisas evidenciam a importância da aprendizagem por competências, afinal *hard skills* e *soft skills* podem ser compreendidas como elementos de uma competência.

Outra pesquisa, também citada por Goleman e Senge (2016), mostrou que crianças que desenvolveram controle cognitivo se tornaram, na juventude, capazes de focar objetivos, evitar distrações e gerenciar impulsos comportamentais prejudiciais com mais facilidade. Evidenciou também que anos mais tarde essas mesmas crianças obtiveram nota maior no *Scholastic Aptitude Test* (SAT), exame comum nos EUA, utilizado em processos de admissão nas universidades do país. As crianças que desenvolveram mais efetivamente o controle cognitivo superaram as demais no SAT com uma vantagem de mais de 200 pontos.

Sabe-se que a tecnologia pode fornecer aprendizado pautado no conhecimento, a partir de ofertas *on-line*, com muita qualidade. Com a tecnologia possibilitando a entrega cada vez mais qualificada de conhecimentos técnicos, é possível repensar a sala de aula e potencializar a sinergia entre a virtualidade e a presencialidade (educação híbrida). A pandemia da covid-19 apontou caminhos e possibilidades para o desenvolvimento de *soft skills*, mas ainda é preciso se debruçar sobre a efetividade do uso de tecnologias e, além disso, desenvolver, experimentar e buscar soluções que permitam o desenvolvimento do QE. Desenvolvimento de empatia e inteligência emocional dependem de interação muito próxima entre as pessoas. Muitas vezes, a tecnologia leva a relações impessoais (interação entre aluno e tela). Lidar com o mundo interior, criar empatia e desenvolver compaixão são aspectos mais facilmente ensinados em ambientes físicos ou em ambientes com interação presencial, remota ou *on-line*.

Planejamento e gestão da aprendizagem por competências **29**

Veja no Quadro 1.4 uma possível taxonomia de *soft skills*, organizadas em 12 grupos diferentes.

QUADRO 1.4 Uma possível taxonomia das *soft skills*

Grupo	Soft skills
Habilidades de comunicação: capacidade de compreender e transferir informações de forma eficaz, por meio de reflexão, comunicação oral e escrita, bem como sinais não verbais.	Comunicação de escuta, habilidades de apresentação, comunicação oral e comunicação escrita.
Habilidades no local de trabalho: habilidades comportamentais voltadas para os processos mentais que a pessoa aplica quando procura dar sentido às experiências, encontrando soluções, e/ou na resolução de questões profissionais complexas.	Pensamento analítico, pensamento conceitual, pensamento crítico, tomada de decisão, determinação, resolução de problemas, pensamento sistêmico.
Resolução e negociação de conflitos: habilidade de encontrar uma solução "ganha-ganha" para um desacordo pessoal, financeiro, político ou emocional com outra parte.	Gestão de conflitos, mediação, negociação e resolução de conflitos.
Habilidades de trabalho em equipe e colaboração: habilidade de contribuir para o trabalho produtivo do grupo e para as relações na aprendizagem, bem como para os resultados em grupo.	Colaboração, criação de ambiente de aprendizagem, habilidade de delegar, desenvolvimento de outras pessoas, dinâmica de grupo, eficácia de grupo, ensino a outras pessoas, habilidades de construção de equipe, habilidades de aprendizagem em equipe, trabalho em equipe.
Habilidades de gerenciamento de estresse: habilidades que visam a controlar os níveis de estresse de uma pessoa.	Capacidade de lidar com pressão e aceitar críticas, adaptabilidade, adversidade, catalisador de mudanças, gerenciamento de mudanças, lidar com complexidade, flexibilidade, confiabilidade, resiliência e gerenciamento de estresse.
Habilidades de profissionalismo no local de trabalho: habilidades que indicam que a pessoa desempenha tarefas adequadamente e mantém a etiqueta profissional no local de trabalho.	Comprometimento com a organização, bom senso, preocupação com a ordem, foco, pragmatismo, integração, análise de cargos e responsabilidade, consciência organizacional, participação em projetos e tarefas, apresentação pessoal, profissionalismo, promoção da boa governança, habilidade de compartilhar a visão.

(Continua)

30 Ordoñez, Camargo & Higashi

QUADRO 1.4 Uma possível taxonomia das *soft skills (Continuação)*

Grupo	*Soft skills*
Habilidades de produtividade no local de trabalho: disposição para continuar aprendendo, melhorando e investindo no autodesenvolvimento da produtividade no local de trabalho.	Realização, conscienciosidade, criatividade, habilidades empresariais, empreendedorismo, iniciativa, inovação, aprendizagem ao longo da vida, orientação para resultados, manutenção e controle da produtividade e gestão de riscos.
Habilidades éticas no local de trabalho: habilidades de defender opiniões sobre o que julga certo e errado no local de trabalho.	Consciência da conduta e capacidade ética, consciência dos valores éticos, questões éticas, julgamento ético, responsabilidade ética, honestidade, integridade, transparência, confiabilidade e ética no trabalho.
Habilidades de diversidade no local de trabalho: habilidades de entender a diversidade e as diferenças entre as pessoas em uma organização.	Trabalhar com diversidade, cidadania global e consciência cultural.
Habilidades de planejamento e organização: habilidades comportamentais orientadas para a elaboração e o gerenciamento do planejamento de curto e longo prazo.	Facilitação, estabelecimento e gerenciamento de metas, gerenciamento de recursos humanos, gerenciamento de recursos de informação, gerenciamento de tarefas, habilidades de planejamento e organização, planejamento estratégico e gerenciamento de tempo.
Habilidades de autointeligência: habilidades de autopercepção da personalidade e aplicação de estratégias que produzam a mudança de comportamento desejada.	Autoavaliação precisa, assertividade, autoconsciência emocional, entusiasmo, otimismo, atitude positiva, reflexão, autoconsciência, autoconfiança, autocontrole, autodireção, autoestima, autogestão, automotivação e autopromoção.
Habilidades de inteligência social: habilidades de reconhecer os sentimentos dos outros e saber usá-los para ajudar e influenciar pessoas positivamente.	Habilidade de liderar e inspirar, ser responsável com os outros, comprometer e apoiar, habilidade no atendimento ao cliente, diplomacia, empatia, motivação de pessoas, persuasão, gestão de relacionamento, consciência social, habilidades sociais.

Fonte: Adaptado de Mahasneh e Thabet (2016).

A compreensão das *soft skills* expande a possibilidade de atuação dos educadores e, ainda, evidencia desafios maiores a serem vivenciados e superados na educação.

As habilidades sociais e comportamentais de educadores e estudantes podem ser compartilhadas, influenciando positivamente o desenvolvimento pessoal e profissional de todos, visando à autonomia e ao aprendizado para a vida (*lifelong learning*). Assim, instituições de ensino têm o desafio e a oportunidade de se tornarem mais criativas e inovadoras, promovendo melhorias na sociedade, de modo geral, por meio de modelos inovadores de aprendizagem. A sinergia que pode ser obtida pela educação híbrida, conforme já mencionado, pode contribuir para a criação de ecossistemas que favoreçam o desenvolvimento das *hard skills* e das *soft skills*, em conjunto.

Isso nos leva a outra tendência apontada pelo Fórum Econômico Mundial de 2019: a de que a profissão de professor será uma das últimas a serem substituídas. Nesse sentido, poderíamos refletir sobre a hipótese de que, com a transformação digital da educação, o professor passe a se ocupar menos das *hard skills* e mais das *soft skills*. O professor, então, assumiria outros papéis, como o de preceptor ou orientador na jornada de aprendizagem do estudante.

Ao mesmo tempo que se modifica a maneira como se ensina e aprende, ficam mais claros os novos papéis do professor. Afinal, quando se combina à esfera cognitiva os elementos comportamentais, o papel dos professores é ressignificado: deixa-se de ser um mero transmissor de conteúdos e passa-se a ser um mediador, facilitador e preceptor da aprendizagem. São novos tempos, que demandam novas maneiras de fomentar a aprendizagem. Essa sinergia leva à educação integral, isto é, ao desenvolvimento de *hard skills* e de *soft skills*, indo ao encontro do entrelaçamento de dois eixos de uma espiral (a cognitiva e a socioemocional-atitudinal).

Portanto, as *soft skills* podem ser desenvolvidas de maneira mais efetiva não por meio da pedagogia tradicional, mas da aprendizagem baseada em experiências ou da aprendizagem baseada em projetos ou em desafios, com estudantes efetivamente se envolvendo em questões que fazem sentido para as suas vidas. Tais métodos de aprendizagem por competências são cada vez mais fundamentais na arquitetura pedagógica, mais precisamente no planejamento de um curso ou currículo.

REFERÊNCIAS

ANDERSON, L. W.; KRATHWOHL, D. R. (ed.). *A taxonomy for learning, teaching and assessing:* a revison of Bloom's taxonomy of educational objectives. Nova York: Addison Wesley Longman, 2001.

BLOOM, B. S. What we are learning about teaching and learning: a summary of recent research. *Principal*, v. 66, n. 2, p. 6-10, 1986.

BLOOM, B. S. *et al. Taxonomy of educational objectives*. New York: David Mckay, 1956. v. 1.

DE MASI, D. *Uma simples revolução*: trabalho, ócio e criatividade. Rio de Janeiro: Sextante, 2018.

FAVA, R. *Trabalho, educação e inteligência artificial*: a era do indivíduo versátil. Porto Alegre: Penso, 2018.

GOLEMAN, D.; SENGE, P. *O foco triplo*: uma nova abordagem para a educação. Rio de Janeiro: Objetiva, 2016.

HARARI, Y. N. *21 lições para o século 21*. São Paulo: Companhia das Letras, 2018.

LIMA, V. V. Competência: distintas abordagens e implicações na formação de profissionais da saúde. *Interface*, v. 9, n. 17, p. 369-379, 2005. Disponível em: https://www.scielo.br/j/icse/a/SyGLRpTYVbwm7sTgTfK6V8n/?format=pdf&lang=pt. Acesso em: 27 abr. 2023.

MAHASNEH, J. K.; THABET, W. Developing a normative soft skills taxonomy for construction education. *Journal of Civil Engineering and Architecture Research*, v. 3, n. 5, p. 1468-1486, 2016. Disponível em: https://www.researchgate.net/publication/327350993_Developing_a_Normative_Soft_Skills_Taxonomy_for_Construction_Education. Acesso em: 27 abr. 2023.

MISCHEL, W. *O teste do marshmallow*: por que a força de vontade é a chave do sucesso. Rio de Janeiro: Objetiva, 2016.

PERRENOUD, P. *Desenvolver competências ou ensinar saberes?*: a escola que prepara para a vida. Porto Alegre: Penso, 2013.

ZABALA, A. (org.). *Como trabalhar os conteúdos procedimentais em aula*. 2. ed. Porto Alegre: Artmed, 1999.

ZABALA, A; ARNAU, L. *Métodos para ensinar competências*. Porto Alegre: Penso, 2020.

ZABALA, A; ARNAU, L. *Como aprender e ensinar competências*. Porto Alegre: Artmed, 2010.

LEITURAS RECOMENDADAS

FERRAZ, A. P. C. M. *Instrumento para facilitar o processo de planejamento e desenvolvimento de materiais instrucionais para a modalidade a distância*. 2008. 234 f. Tese (Doutorado) — Curso de Doutorado em Engenharia de Produção, Escola de Engenharia de São Carlos, Universidade de São Paulo, São Carlos, 2008. Disponível em: https://www.teses.usp.br/teses/disponiveis/18/18140/tde-14012009-225604/publico/0820059_DirMatIns_DR.pdf. Acesso em: 27 abr. 2023.

FERRAZ, A. P. C. M.; BELHOT, R. V. Taxonomia de Bloom: revisão teórica e apresentação das adequações do instrumento para definição de objetivos instrucionais. *Gestão & Produção*, v. 17, n. 2, p. 421-431, 2010. Disponível em: https://www.scielo.br/j/gp/a/bRkFgcJqbGCDp3HjQqFdqBm/abstract/?lang=pt#. Acesso em: 27 abr. 2023.

MOFFITT, T. E. *et al.* A gradient of childhood self-control predicts health, wealth, and public safety. *PNAS*, v. 108, n. 7, p. 2693-2698, 2011. Disponível em: https://www.pnas.org/doi/10.1073/pnas.1010076108. Acesso em: 27 abr. 2023.

SOPA, A. *et al.* Hard skills versus soft skills: which are more important for indonesian employees innovation capability. *International Journal of Control and Automation*, v. 13, n. 2, p. 156-175, 2020. Disponível em: https://papers.ssrn.com/sol3/papers.cfm?abstract_id=3985800. Acesso em: 27 abr. 2023.

2

Métodos de ensino por competências

A abordagem por competências pode utilizar diferentes métodos de ensino, como a aprendizagem baseada em projetos (ABPr), a aprendizagem baseada em problemas (PBL, do inglês *problem-based learning*),* a problematização e a aprendizagem baseada em desafios (CBL, do inglês *challenge-based learning*). Os dois primeiros métodos são mais conhecidos e difundidos no Brasil. A problematização pode ser empregada nas atividades extensionistas, e a CBL desperta a atenção dos educadores por ser entendida como uma derivação dos outros métodos.

Essas metodologias podem levar ao desenvolvimento de conhecimentos, habilidades e atitudes, por isso são chamadas de "métodos de ensino por competências". Os métodos ativos de ensino por competências se apresentam como alternativas para o planejamento da aprendizagem por competências.

Frequentemente a problematização e a PBL são tratadas como se fossem a mesma metodologia. No entanto, embora elas tenham questões comuns em seu processo, como o ponto de partida, suas visões teóricas são distintas. Na metodologia da problematização, o problema emerge da observação da realidade, ao passo que, na PBL, o problema é elencado

---

* Optamos pela sigla PBL para diferenciar da aprendizagem baseada em projetos (ABPr).

pelo docente, de acordo com a competência que se almeja desenvolver (BERBEL, 1998).

Esses métodos podem favorecer o compartilhamento de experiências, conhecimentos e formação, e nenhum deles é melhor ou pior do que o outro: o que ocorre é que um dos métodos pode ser mais adequado a determinado contexto, situação, ou ao desenvolvimento da competência esperada. Sendo assim, cabe ao docente refletir durante o processo de planejamento sobre a adequação do método, de modo a eleger o mais apropriado para a disciplina ou currículo.

Todos esses métodos utilizam situações-problema. Elas são importantes recursos de avaliação e desenvolvimento de competências, representando recortes da vida humana e de situações profissionais cuja solução demanda a mobilização de recursos para a tomada de decisão. Há, assim, uma nova forma de aprender, contextualizada, significativa, que pode se dar em diferentes áreas de conhecimento.

No entanto, é importante considerar o que será desenvolvido a partir da situação-problema: o produto será um objeto ou será um relatório de comprovação de determinada hipótese? Se for um objeto, deverá ser escolhida a ABPr, ao passo que, caso se decida trabalhar com hipóteses e sua comprovação descritas em um relatório, o método a ser adotado deverá ser a PBL.

Um exemplo de uso de situação-problema é o estudo de caso, muito utilizado em várias áreas do saber, como nos cursos das áreas da saúde ou de negócios. Esses estudos são muito interessantes para desenvolver análises que resultem em reflexão e tomada de decisão (avaliação).

Como se vê, são muitas as possibilidades e os métodos a elas relacionados. A depender do que se espera, um método diferente poderá ser adotado. Por exemplo, se o professor quiser trabalhar a investigação e a redação (procedimento de escrita), pode propor aos alunos a escrita de um relatório que descreva a resolução de um problema (PBL) ou, se optar pela elaboração de um produto profissional (artefato do saber), pode lançar mão da ABPr.

Os métodos de ensino por competências podem ser utilizados em diferentes contextos ou situações de aprendizagem. Cabe ao professor ou facilitador escolher o que melhor se adequa à sua realidade, diante do que busca desenvolver junto aos estudantes.

DICA DOS ESPECIALISTAS

No processo de aprendizagem por competências, o professor pode combinar diversas estratégias de aprendizagem ativa buscando melhorar a aprendizagem e o engajamento nas aulas. Ou seja, ele pode usar estratégias mais complexas, como a gamificação, ou estratégias mais simples, mas fundamentais para o desenvolvimento do estudante. São exemplos dessas estratégias mais simples as apresentações, em grupo ou individuais, para o desenvolvimento da comunicabilidade oral; a tripartida (entrega de relatório por grupo, entrega individual por aluno de cada parte do projeto, relato de cada aluno acerca do processo de trabalho do grupo, interligados com a teoria), para o desenvolvimento da comunicabilidade escrita; a avaliação pelos pares, para o desenvolvimento da capacidade de julgamento e tomada de decisão; e a avaliação do professor.

Independentemente da estratégia ativa que será escolhida para ser empregada em ambiente físico, virtual ou híbrido, deve estar claro para o professor que esse recurso é um meio. O objetivo deve ser o desenvolvimento das competências. Nesse sentido, podemos considerar os métodos de ensino por competências como metodologias estruturantes, uma vez que podem ser determinantes no desenvolvimento de um ecossistema de aprendizagem por competências, bem como no planejamento de arquiteturas pedagógicas, de cursos ou de currículos por competências.

APRENDIZAGEM BASEADA EM PROJETOS

Levando em consideração a experiência do estudante e os interesses pessoais de cada um, John Dewey (1959) definiu alguns preceitos, como a importância das características individuais, das habilidades sociais e da participação do aluno no planejamento e na gestão (direção) de sua própria aprendizagem. Assim, passou a estimular a iniciativa individual, o aprender-fazendo e a formação democrática, princípios que hoje são a base da aprendizagem por competências.

Um dos métodos de ensino por competências é a ABPr, em que os estudantes são motivados por problemas ou situações reais. Elaborada em universidades europeias, especificamente dentro de cursos de engenharia e arquitetura, e posteriormente usada também em universidades americanas, tal abordagem propicia o engajamento dos estudantes e o desenvolvimento de habilidades e atitudes, como o trabalho em equipe e a colaboração.

Na ABPr, os estudantes são encorajados a planejar em equipe as atividades e ações à medida que adquirem conhecimento sobre um determinado problema e avançam em sua solução, caminhando para a construção de produtos ou artefatos.

Um projeto, portanto, tem início e fim, que são determinados pelo professor ou facilitador em conjunto com os estudantes. Pode-se planejar esse projeto para que seja resolvido em um, dois ou três dias, bem como em uma semana, um mês, um semestre ou um ano. Nesse sentido, conforme apontam Zabala e Arnau (2020, p. 51), ao mencionar Kilpatrick (estudioso que estruturou a metodologia por projeto), trata-se de "[...] uma atividade previamente determinada, cuja intenção predominante é uma finalidade real que orienta os procedimentos e confere a eles uma motivação". A escolha e a delimitação (recorte) do problema são fundamentais no processo de planejamento.

Segundo Marques (2016), Kilpatrick apresentou quatro modelos de projeto, descritos a seguir.

Modelo 1: objetiva a produção de algo externo (elaboração de um produto) a partir de alguma ideia, situação, contexto ou plano. São sugeridos os procedimentos perspectivar, planificar, executar e avaliar.

Modelo 2: objetiva uma experiência estética, o desenvolvimento da apreciação, sem procedimentos fixados. Nesse modelo, o educador deve valer-se de sua percepção para definir o melhor modo de acompanhar a aprendizagem.

Modelo 3: objetiva a solução de um problema intelectual, abstrato.

Modelo 4: objetiva o aperfeiçoamento de uma técnica de aprendizagem ou a aquisição de um determinado conhecimento ou capacidade. Os procedimentos previstos nesse modelo são os mesmos sugeridos no modelo 1.

Neste livro, a abordagem por projetos está alinhada ao modelo 1, ou seja, ao modelo que objetiva a construção ou elaboração de um produto (artefato do saber).

Caraterísticas da aprendizagem baseada em projetos

A ABPr é frequentemente entendida como um método alternativo à metodologia tradicional (expositiva), com o envolvimento dos estudantes em torno de uma situação ou questão desafiadora ou na elaboração de um produto (artefato do saber). A associação da ABPr com a elaboração de produtos está sendo cada vez mais utilizada na educação.

A ABPr é caracterizada por vários elementos, entre os quais podemos destacar a âncora, a questão motriz, a voz e escolha dos alunos, a investigação, a reflexão, o *feedback* e revisão, e o produto público. A seguir, vamos descrever cada um deles.

A **âncora** apresenta o cenário real, as informações básicas que vão fundamentar a aprendizagem e a busca pela solução do problema. Ela pode ser um artigo de jornal (impresso ou *on-line*), uma apresentação ou um vídeo mostrando uma situação-problema colocada por uma organização ou comunidade. Em síntese, trata-se de uma narrativa que descreve uma situação-problema ou um projeto que tem como objetivo despertar o interesse do estudante, motivá-lo para se engajar pelo problema a ser resolvido. A âncora deve descrever o problema e ajudar a delimitar a pesquisa dos alunos, juntamente com a questão motriz.

Como exemplo de âncora, podemos pensar em uma reportagem sobre os erros cometidos por profissionais da saúde em uma instituição hospitalar. A partir dessa situação-problema, os alunos teriam de compreender aspectos relacionados à segurança do paciente, aos protocolos, às diferenças entre equipamentos hospitalares, à organização do trabalho (escala de horários, fluxo, atendimento, demanda), à legislação trabalhista, à ética, ao treinamento e capacitação de equipes, à comunicação efetiva, entre outros.

A **questão motriz** é a questão principal que orientará o projeto, podendo ser compreendida como a meta declarada do projeto. Ela pode ser desenvolvida (planejada) com antecedência pelo professor, ou, caso tenham tempo, as equipes podem desenvolvê-la no decorrer do projeto. Ainda, essa questão pode abranger um conteúdo de ensino de uma única disciplina ou de várias.

Quando os estudantes ficam responsáveis pela tarefa de selecionar os conteúdos associados ao projeto, é comum que muitos deles fiquem sem saber o que fazer. Por essa razão, a questão motriz e a âncora contribuem para a delimitação dos parâmetros específicos do projeto, sendo frequentemente planejadas pelos docentes.

Como vimos no exemplo da reportagem sobre os erros cometidos por profissionais da saúde em uma instituição hospitalar, vários conteúdos podem ser extraídos da âncora, evidenciando a interdisciplinaridade da ABPr. Dependendo do tempo disponível, a delimitação pode ser definida pelo docente por meio da questão motriz.

Dessa forma, é possível delinear o projeto com o desenvolvimento de várias questões. Uma única âncora pode ser utilizada na resolução de vários projetos, uma vez que permite o desenvolvimento de diferentes questões motrizes.

Assim, com base no exemplo de âncora que apresentamos, podemos aventar as questões a seguir.

a) Como a organização do trabalho poderia evitar erros na assistência hospitalar?

b) Como um protocolo de atendimento poderia evitar esse tipo de erro?

c) Como a vulnerabilidade dos pacientes internados em instituições hospitalares pode ser minimizada para favorecer a segurança do paciente?

Ao analisar a âncora e a questão motriz, os estudantes deverão pesquisar e reunir informações necessárias para compreender o problema.

Outra possibilidade para o desenvolvimento de uma questão motriz seria a condução de uma sessão de *brainstorm* sobre a âncora, o que pode levar ao desenvolvimento de várias questões. Além disso, a participação dos alunos vai integrá-los ao processo de aprendizagem e torná-los participantes ativos no desenvolvimento, na delimitação e na escolha da questão (ou das questões). A partir do interesse de cada um, ou de cada equipe, podem ser identificadas questões específicas, que sejam relevantes e conduzam ao engajamento dos estudantes, considerando-se até mesmo as diferenças individuais.

A escolha da âncora e da questão motriz é realizada a partir das competências a serem desenvolvidas. Trata-se de recursos que, a depender da delimitação realizada na questão motriz, trazem naturalmente o recorte do conhecimento necessário para resolver o problema proposto, assim como as habilidades e as atitudes. Com a âncora, o contexto (ou situação real) é explicitado, dando maior significado para o aprendizado.

Tendo a âncora explicitada, é possível descrever, por exemplo, os itens a seguir.

- Competência geral: elaborar plano de organização de trabalho para minimizar erros na assistência hospitalar.

- Conhecimento: organização do trabalho em hospitais.
- Procedimentos: pesquisar, escrever, organizar e elaborar.
- Atitudes: proatividade, colaboração e ética.
- Contexto/situação: organização hospitalar.

Podemos notar que, na competência (nesse caso, geral), o conhecimento ou conteúdo não é explicitado. Tal premissa é fundamental, pois o foco da aprendizagem está na competência, e não no conteúdo. O conteúdo é um meio, desempenhando a função de suporte para o desenvolvimento da competência.

Outro elemento da ABPr é a **voz e escolha dos alunos**. Quando são envolvidos nos projetos desde a definição da questão motriz, os estudantes tendem a se apropriar mais do projeto e, consequentemente, da aprendizagem. Dar aos alunos poder de decisão sobre as fases do projeto, sobre a investigação ou, ainda, sobre a elaboração do produto e suas características é uma forma de favorecer sua participação ativa. E o limite da escolha dos estudantes pode ser estabelecido pelos professores.

Assim, o docente pode fornecer a âncora e permitir que cada aluno (ou equipe) defina a questão motriz ou, de outro modo, apresentar a âncora e várias questões motrizes, permitindo a escolha de uma delas ou de mais de uma. Dar voz e escolha aos alunos em todas as fases do projeto — desde a definição da questão motriz até o processo de investigação e a elaboração do produto ou artefato do saber — é fundamental, uma vez que pode aumentar a motivação e o engajamento dos estudantes e, consequentemente, promover a aprendizagem. Ainda, isso contribui para o desenvolvimento das atitudes, o que tem reflexo sobre a autonomia e o autodidatismo dos estudantes.

Outro elemento da ABPr é a **investigação**, indispensável para se chegar à elaboração do produto. No processo de investigação, os estudantes, juntamente com o professor, podem definir o melhor método (tipo de pesquisa, coleta, análise) para compreender o problema para o qual estão buscando solução, bem como para apresentar uma resolução e um produto para ele.

A **reflexão** também é um elemento de importância fundamental na ABPr. Nessa abordagem, o professor desempenha um papel de mediador, de facilitador, criando, durante o processo de aprendizagem, oportunidades que levem os estudantes a refletir sobre as escolhas e atividades que conduziram à solução do problema apresentado. Por isso, sessões de *brainstorming*, reflexão ou, ainda, de *feedback* e revisão podem ser fundamentais.

Quando o professor assume o papel de mediador e facilitador na ABPr, o processo de **feedback e revisão** se torna essencial. O *feedback* pode ser individual ou em grupo, com base em avaliações do professor, autoavaliações ou avaliações por pares. Ele pode ser parte da avaliação formativa, auxiliando os estudantes no desenvolvimento e na orientação do projeto. A avaliação somativa se dará com a adoção da avaliação apenas no final do projeto. No entanto, independentemente do tipo de avaliação, durante o desenvolvimento do projeto, em cada reunião ou orientação, o professor tem a oportunidade de fornecer *feedback* e revisão, mesmo que seja só oralmente, apontando possíveis caminhos e corrigindo rotas, de modo a contribuir para a resolução do problema proposto.

Por fim, o resultado do projeto, ou seja, a solução do problema, é materializado em um **produto público**, que poderá ser apresentado em eventos, jornais locais, vídeos no YouTube, redes sociais, *sites* de instituições de ensino, *blogs*, entre diversas outras possibilidades. Essa etapa constitui a avaliação final do projeto.

Por exemplo, ao trabalhar com a questão motriz "Como um protocolo de atendimento poderia evitar esse tipo de erro?" (do exemplo que apresentamos anteriormente), pode-se definir como produto a publicação em um *blog* do resultado da elaboração de protocolos de atendimento na assistência hospitalar ou de um programa de treinamento e capacitação para atendimento na assistência hospitalar.

Somados à aprendizagem por competências, esses elementos da ABPr contribuem para o desenvolvimento de habilidades e atitudes. Por exemplo, a voz e escolha dos alunos contribui para o desenvolvimento da autonomia; a investigação, para o desenvolvimento dessa habilidade; a reflexão, para o desenvolvimento do autodidatismo e do pensamento crítico; o *feedback* e a revisão, para o desenvolvimento da avaliação, da autoavaliação, do julgamento, etc.; e o produto público, para o desenvolvimento da capacidade de elaboração de artefato, de exposição e defesa do produto, bem como de comunicação oral, escrita, visual, digital.

DICA DOS ESPECIALISTAS

No planejamento do projeto, o docente pode deixar claro como as competências serão desenvolvidas ao longo da jornada do estudante em sua disciplina (ou projeto), etapa a etapa (aula a aula), considerando os elementos da ABPr — ou seja, desde a formulação conceitual do projeto até a avaliação do produto público. É importante que, no percurso, sejam consideradas as etapas (ou aulas) dedicadas à investigação, à reflexão, ao *feedback* e revisão e à orientação do projeto em si, pontuando as oportunidades de melhoria tanto do projeto quanto do estudante (conhecimento, habilidades e atitudes).

Com a ABPr, torna-se natural o desenvolvimento de competências durante o processo de aprendizagem. Essa abordagem pode levar a inúmeros desafios, como, por exemplo, o abandono do currículo por disciplinas e a adoção do currículo por projetos.

Como vimos, a ABPr é um método de ensino para ensinar competências. Com esse método, o trabalho em equipe e o desenvolvimento da liderança, da criatividade e do pensamento crítico promovem a autoconsciência quanto à aprendizagem e, desse modo, a autopercepção dos estudantes sobre as competências desenvolvidas.

A partir da definição dos projetos e das competências, é possível planejar as atividades (planos de aula). Nesse sentido, a finalidade passa a ser o projeto; as competências e o emprego de estratégias ativas, por sua vez, passam a ser o meio.

A ABPr é uma metodologia que exige planejamento docente, colocando o professor no centro da aprendizagem junto ao estudante. Atuando como facilitador, o docente contribui para a aquisição não apenas de conhecimentos, mas também de aspectos procedimentais e atitudinais, levando à criação de artefatos ou produtos.

METODOLOGIA DA PROBLEMATIZAÇÃO

A principal referência teórica para a metodologia da problematização é o arco de Maguerez, cuja versão atualizada por Bordenave e Pereira (1982) é apresentada na Figura 2.1.

Como se pode observar na figura, o arco de Maguerez é composto por cinco etapas: observação da realidade (problema), pontos-chave, teorização, hipóteses de solução e aplicação à realidade (prática).

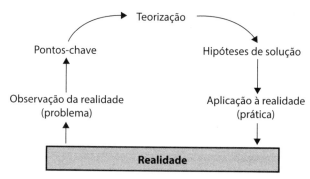

Figura 2.1 Arco de Maguerez.
Fonte: Adaptada de Bordenave e Pereira (1982).

A primeira etapa, **observação da realidade**, pode ser direcionada a partir de um tema ou unidade de estudo. Nessa etapa, devem ser observados, por diferentes ângulos, aspectos como dificuldades, déficits e discordâncias, e podem ser incluídas, além da visita ao cenário e da leitura, pequenas entrevistas com as pessoas envolvidas. O registro sistematizado é importante, pois evita que os estudantes se esquivem do tema proposto. Os debates do grupo são essenciais para a definição do problema, que é norteador para as demais etapas. Se a atividade tiver origem em uma disciplina, o professor/mediador definirá a unidade, mas não o objeto específico, que deverá ser resultado da observação da realidade (BERBEL, 2012).

Como exemplo prático de observação da realidade, podemos pensar em um trabalho com o tema "Uso de drogas na adolescência". Após a observação da realidade, o grupo, diante dos diversos registros realizados, poderia definir o seguinte problema para ser trabalhado: "Uso de drogas para autoafirmação e independência entre os adolescentes". Por sua vez, se considerarmos como exemplo o trabalho com o tema "Controle de estoque de uma loja de departamento", o grupo poderia, após observar a realidade, definir o seguinte problema para abordar: "A rotatividade dos funcionários que controlam o estoque".

A reflexão sobre as possíveis causas/determinantes deve considerar que a maior parte dos problemas é multicausal, complexo e interdisciplinar. Assim, estabelecem-se os **pontos-chave**, a segunda etapa do arco de Maguerez. Eles consistem nos pontos essenciais do problema que o grupo deverá estudar visando a uma melhor compreensão da realidade (BERBEL, 2012).

Na fase de estabelecimento dos pontos-chave, além da identificação dos possíveis determinantes do problema, de acordo com o que foi observado na realidade, ocorrem o debate e a redação dessas reflexões entre o grupo, com o acompanhamento do professor/mediador (COLOMBO, 2007). Portanto, a definição dos pontos-chave depende muito tanto da vivência e do conhecimento prévio dos envolvidos no processo quanto da observação da realidade.

Por exemplo, no problema "Uso de drogas para autoafirmação e independência entre os adolescentes", os pontos-chave poderiam ser a influência de companhias/amigos, o convívio familiar conturbado, a insatisfação com a qualidade de vida ou a falta de conhecimento sobre a temática. Já no problema "A rotatividade dos funcionários que controlam o estoque", poderiam ser elencados os seguintes pontos-chave: ambiente de trabalho negativo no setor, insatisfação dos trabalhadores e falta de treinamento para o efetivo controle de estoques.

A **teorização**, terceira etapa do arco de Maguerez, se refere à investigação do problema e de sua relação com os pontos-chave. Nesse momento, o grupo poderá pesquisar de diferentes formas (leitura, entrevista com especialistas, aplicação de questionários, etc.) e, a partir do registro e da análise das informações obtidas, realizar inferências e se direcionar para a próxima etapa (BERBEL, 2012).

Na etapa de teorização, é definida a metodologia para o aprofundamento dos saberes sobre cada ponto-chave. Por exemplo, no problema "Uso de drogas para autoafirmação e independência entre os adolescentes", a teorização poderia ser estruturada a partir dos seguintes questionamentos: qual é a influência de companhias/amigos para que o adolescente use drogas? O convívio familiar conturbado contribui para o uso de drogas na adolescência? A insatisfação com a qualidade de vida pode motivar o adolescente a usar drogas? A falta de conhecimento sobre a temática, incluindo possíveis consequências, é determinante para o uso de drogas na adolescência? Já no problema "A rotatividade dos funcionários que controlam o estoque", a teorização pode partir, por exemplo, das seguintes questões: como é o ambiente de trabalho? Há indícios de que o ambiente de trabalho seja negativo? Quais são os sinais de insatisfação dos trabalhadores? Como deve ser o treinamento para que haja um efetivo controle de estoques?

É importante destacar que nessa etapa, além da pesquisa científica, a informação fornecida por quem vive esse problema também pode ser um meio de teorização.

As **hipóteses de solução** correspondem à etapa em que o grupo elabora possíveis soluções para o problema. Nesse momento, são elencados os materiais, os métodos, o investimento e o tempo que poderão ser necessários para a aplicação à realidade. Cabe lembrar que, na metodologia da problematização, as hipóteses de solução são elaboradas após a fase de aprofundamento do conhecimento a respeito do problema, considerando-se os diversos pontos-chave (COLOMBO, 2007).

Para trabalhar com o problema "Uso de drogas para autoafirmação e independência entre os adolescentes", poderiam ser mencionadas como exemplos as seguintes hipóteses de solução: confecção de material de apoio (p. ex., cartazes instrutivos e panfletos a respeito das drogas), ações de integração entre escola e família abordando o tema, depoimento de um ex--usuário que se disponha a contar sua história. Para o problema "A rotatividade dos funcionários que controlam o estoque", por sua vez, podemos citar os seguintes exemplos de hipóteses de solução: elaboração do planejamento de melhora dos pontos de insatisfação do colaborador e planejamento de ação de treinamento para controle de estoque efetivo.

Por fim, a **aplicação à realidade** é a etapa que extrapola a atividade intelectual, pois o planejamento realizado na etapa anterior terá de ser executado. Dessa forma, o grupo volta para a realidade, objetivando uma transformação em algum grau, por meio das possíveis respostas encontradas na teorização (BERBEL, 2012).

Veja no Quadro 2.1 uma síntese dos exemplos que mostramos nesta seção.

QUADRO 2.1 Exemplos de aplicação da metodologia da problematização com o uso do arco de Maguerez

Etapas do arco de Maguerez	Caso 1	Caso 2
Observação da realidade	Uso de drogas para autoafirmação e independência entre os adolescentes	A rotatividade dos funcionários que controlam o estoque
Pontos-chave	Companhias/amigos, convívio familiar conturbado, insatisfação com a qualidade de vida e falta de conhecimento sobre a temática	Ambiente de trabalho negativo no setor, insatisfação dos trabalhadores e falta de treinamento para um efetivo controle de estoques

(Continua)

Planejamento e gestão da aprendizagem por competências **45**

QUADRO 2.1 Exemplos de aplicação da metodologia da problematização com o uso do arco de Maguerez *(Continuação)*

Etapas do arco de Maguerez	Caso 1	Caso 2
Teorização	• Características gerais dos adolescentes do ambiente investigado. • Depoimentos de adolescentes que usam drogas. • Qual é a influência de companhias/amigos para que o adolescente use drogas? • O convívio familiar conturbado contribui para o uso de drogas na adolescência? • A insatisfação com a qualidade de vida pode motivar o adolescente a usar drogas? • A falta de conhecimento sobre a temática, incluindo possíveis consequências, é determinante para o uso de drogas na adolescência?	• Investigação da satisfação dos colaboradores de todos os setores (incluindo o setor de estoque). • Como é o ambiente de trabalho? Há indícios de que o ambiente de trabalho seja negativo? • Quais são os sinais de insatisfação dos trabalhadores? • Como é realizado o controle de estoque no ambiente investigado? Comparar esses dados com a literatura. • Como deve ser o treinamento para que haja um efetivo controle de estoques?
Hipóteses de solução	• Confecção de material de apoio, como cartazes instrutivos e panfletos a respeito das drogas. • Ações de integração entre escola e família abordando o tema. • Depoimento de um ex-usuário que se disponha a contar sua história.	• Elaboração do planejamento de melhora dos pontos de insatisfação do colaborador. • Planejamento de ação de treinamento para controle de estoque efetivo.
Aplicação à realidade	Ação na escola: dia da família na escola para prevenção do uso de drogas.	Treinamento para controle de estoque efetivo.

Como pudemos observar, a metodologia da problematização considera aspectos sociais, econômicos, políticos e culturais, inserindo os estudantes em cenários reais. Ademais, a proposta dessa metodologia é diferenciada no processo de ensino e aprendizagem, pois abrange, além de um método ativo de ensino por competências, a cadeia dialética reflexão-na-ação, a reflexão sobre-a-ação e a reflexão-sobre-a reflexão-na-ação, pontuada na teoria da prática reflexiva, de Dewey (1959).

Trata-se de uma abordagem contextual, uma vez que parte da observação da realidade (concreta) e usa o conteúdo (conhecimento) como meio. Assim como na ABPr, o foco central dessa metodologia deve ser a competência. Do contrário, seu uso se limitará a uma maneira diferente de ensinar conteúdo.

Tendo em conta seu ponto de partida (o problema), a problematização e a PBL muitas vezes são mencionadas como similares. E, de fato, elas compartilham semelhanças, como, por exemplo, ambas são metodologias ativas, são opção de escolha do professor/mentor e desenvolvem competências técnicas e socioemocionais, entre outras. Entretanto, é preciso destacar que essas abordagens são distintas.

DICA DOS ESPECIALISTAS

A PBL pode ser utilizada para o desenvolvimento de competências e ser a escolha para a organização curricular a partir de problemas simulados. A metodologia da problematização, por sua vez, é mais flexível e aberta, o que leva muitos a utilizarem, por exemplo, o arco de Maguerez nas unidades curriculares chamadas "projeto integrador", viabilizando a extensão da curricularização.

Por fim, devemos destacar que, embora ambas as metodologias tenham o problema como ponto de partida, tanto a formulação quanto a abordagem do problema são distintas no decorrer do processo de ensino e aprendizagem entre as metodologias.

O problema na metodologia da problematização

Na metodologia da problematização, o planejamento inicia com a definição do tema, que pode partir de uma competência que seja importante desenvolver. Há casos em que se parte da ementa de uma disciplina ou de um objetivo de ensino. Porém, se o foco é a competência, quando se parte da ementa ou de um objetivo de ensino, corre-se o risco de apenas substituir a maneira de ensinar o conteúdo, sem que seja concretizado o desenvolvimento da competência. Em outros termos, neste último caso, o ensino se mantém centrado nos conteúdos — em vez de ser centrado na competência. Na metodologia da problematização, serão incluídas hipóteses formuladas pelos alunos para as possíveis explicações do problema.

Temas como, por exemplo, acentuação gráfica, partes do corpo humano ou fórmulas matemáticas não são as melhores opções, pois são conteúdos. Além disso, nesses temas não há interferências sociais, políticas, éticas ou econômicas, havendo, portanto, alternativas metodológicas que podem favorecer mais o processo de ensino e aprendizagem. O recomendado é que os temas escolhidos tenham relação com questões sociais, fomentem debates e possam ser analisados por diferentes ângulos (FUJITA *et al.*, 2016). São exemplos de temas que podem ser trabalhados na metodologia da problematização a educação sexual na escola, a reciclagem em uma empresa, a ética no ambiente de trabalho, a educação ambiental em um parque público, entre outros.

Após a definição do tema, os estudantes são orientados a observar a realidade concreta e social, registrando de forma sistematizada sua percepção sobre ela. Nessa etapa, é recomendado o uso de algumas estratégias, como, por exemplo, roteiro de visitas, registro fotográfico, entrevistas, diário para registrar percepções pessoais, etc. A observação da realidade possibilita a identificação de dificuldades, divergências e carências que serão problematizadas (VIEIRA; PANÚNCIO-PINTO, 2015). Na metodologia da problematização, o problema emerge da observação da realidade concreta. Assim, o registro dessa observação é um procedimento que deve ser sistematizado.

De forma coletiva, docente e estudantes elegem um problema, e o ideal é que seja redigido um texto sintetizando-o. Portanto, o problema é definido com a participação ativa dos estudantes. Não há restrições para a definição do problema, já que ela parte da observação da realidade (primeira etapa do arco de Maguerez), que é dinâmica e diferente em cada contexto (BERBEL, 2012). Sendo assim, o docente deve adotar uma postura flexível e conciliadora diante do grupo, bem como direcionar o projeto para que o tema não seja esquecido no percurso.

Convém destacar que, nessa metodologia, é essencial considerar a disponibilidade de tempo para o desenvolvimento de todo o processo, que envolve, por exemplo, o deslocamento do grupo para a observação da realidade. Idealmente, esse deslocamento deve ser feito mais de uma vez.

Vemos, portanto, que a metodologia da problematização favorece a participação ativa e o aprendizado significativo. Isso porque o estudante, ao se envolver na definição do problema, articula com maior facilidade os três elementos da competência (conhecimentos, habilidades e atitudes) em um contexto de forte relação entre teoria e prática, o que favorece a aprendiza-

A explicação do problema na metodologia da problematização

Na metodologia da problematização, após a definição do problema, que deve emergir da relação do tema e da observação da realidade, o grupo deverá refletir sobre as possíveis causas do problema, ou seja, suas possíveis explicações. Nesse momento, o principal questionamento deve ser: "Por que esse problema existe?" (COLOMBO, 2007).

O problema extraído da realidade concreta pode, em geral, direcionar para a necessidade de olhar por diversos ângulos. Ao refletir sobre os possíveis determinantes dos problemas, o grupo e o professor poderão incluir aspectos contextuais (p. ex.: filosóficos, políticos, éticos, econômicos, sociais, culturais, religiosos, entre outros), confirmando que os problemas reais, em sua maioria, são multifacetados (BERBEL, 2012). Isso incentiva o desenvolvimento do pensamento sistêmico na aprendizagem.

Na segunda etapa do arco de Maguerez, serão selecionados os pontos-chave que deverão ser estudados na etapa seguinte. Eles podem ser expressos como questões a serem respondidas, tópicos a serem estudados, afirmações a serem validadas ou como o grupo e o professor acharem melhor (MONTEIRO; MARCELINO, 2018). Uma estratégia para a seleção dos pontos-chave é considerar o texto escrito para definir o problema, extraindo dele as palavras que podem direcionar o estudo. Também pode ser uma estratégia interessante fazer perguntas a respeito do problema ou, ainda, incluir dimensões diferentes para ele. O Quadro 2.2 apresenta exemplos de aplicação dessas estratégias.

QUADRO 2.2 Estratégias para definição dos pontos-chave

Problema: Uso de drogas para autoafirmação e independência entre os adolescentes

Estratégias	Pontos-chave
Extração das palavras do problema	1. Drogas 2. Autoafirmação 3. Adolescente

(Continua)

Planejamento e gestão da aprendizagem por competências **49**

QUADRO 2.2 Estratégias para definição dos pontos-chave (*Continuação*)	
Estratégias	**Pontos-chave**
Perguntas a respeito do problema	1. Os adolescentes usam drogas para se autoafirmar e buscar independência? 2. Por que os adolescentes usam drogas? 3. Os adolescentes se sentem mais independentes ao usarem drogas?
Dimensões do problema	1. Aspecto social: existe um grupo de adolescentes que é mais vulnerável ao uso de drogas? 2. Aspecto histórico: quais são os primeiros dados históricos de uso de droga na adolescência? 3. Aspecto legal: qual é a legislação sobre uso de drogas na adolescência? 4. Realidade: é possível conversar com adolescentes que são usuários de drogas?

A busca do conhecimento científico na metodologia da problematização — teorização

A terceira etapa do arco de Maguerez é a teorização, que consiste, assim como na PBL, na busca do conhecimento científico. Entretanto, diferentemente da PBL, na metodologia da problematização a informação pode ser buscada em qualquer lugar, incluindo, além das referências bibliográficas, a observação do fenômeno, a consulta a especialistas no assunto, entrevistas, participação em eventos, entre outros. Os diferentes saberes devem ser incluídos, e as percepções das pessoas que vivenciam o problema devem ser investigadas (BERBEL, 1998).

Após a definição dos pontos-chave, os estudantes devem buscar a teorização sobre o problema a partir da interação entre o objeto de estudo e a realidade. A investigação deve incluir cada ponto-chave, consistindo no momento para responder ao problema. As informações devem ser registradas, analisadas e discutidas visando à transformação da realidade. Para cada ponto-chave, pode ser definida uma metodologia diferente de investigação, de acordo com a natureza de cada aspecto. Dessa forma, o planejamento dessa etapa envolve traçar o caminho da pesquisa, incluindo a elaboração do instrumento de coleta de informações (p. ex., roteiro de entrevista com especialista) (BERBEL, 2012).

Ainda, essa fase inclui o confronto do estudo realizado com o problema. Cabe apontar que é possível alterar ou incluir pontos-chave que haviam sido definidos na etapa anterior. Além de aprofundar os conhecimentos, esse processo de reflexão possibilita mudanças de posicionamento, bem como o desenvolvimento da cidadania (COLOMBO, 2007).

Veja no Quadro 2.3 um exemplo de organização da etapa de teorização na metodologia da problematização.

QUADRO 2.3 Organização da teorização

Pontos-chave	Metodologia para investigação	Definição do instrumento de coleta	Síntese do achado	Como esse achado ajuda na resolução do problema	Referência

Portanto, ao passo que na PBL a busca do conhecimento científico é realizada a partir do conhecimento já elaborado, visando à reflexão e à formulação de soluções para os problemas propostos pelo professor, na metodologia da problematização é incluído o desafio para a construção de novos conhecimentos pela necessidade de aproximação com o cenário real, em que diversos atores sociais estarão envolvidos no processo (BERBEL, 1998).

DICA DOS ESPECIALISTAS

O planejamento e a organização da busca do conhecimento científico podem ser direcionados pelo professor de acordo com o perfil e a maturidade dos estudantes.

Assim, nessas metodologias, a busca do conhecimento se dá por meio de procedimentos diferentes. Cabe ao professor organizar e planejar essa fase com o objetivo de promover o envolvimento dos estudantes, com foco no aprendizado significativo.

A resolução do problema na metodologia da problematização

Na metodologia da problematização, a fase de resolução do problema engloba a hipótese de solução e a aplicação à realidade, etapas do arco de Maguerez. Na hipótese de solução, o grupo deve estabelecer relações entre as diferentes informações coletadas na etapa de teorização e incluir as informações obtidas a partir do recorte da realidade e nas fases anteriores. Trata-se de uma

Planejamento e gestão da aprendizagem por competências **51**

etapa com muitas possibilidades, pois incentiva o potencial criativo e reflexivo dos envolvidos, englobando questões que ultrapassam o conhecimento técnico-científico, como as relações e as questões culturais e particularidades do cenário real. Guiado pelo professor, o grupo deve registrar todas as hipóteses de solução e ponderar quais ideias poderão se transformar em ações concretas sobre a realidade. Sendo assim, as hipóteses elaboradas devem ser debatidas pelos participantes (COLOMBO, 2007).

Na metodologia da problematização, a finalidade da aplicação à realidade é promover alguma transformação na realidade, mesmo que pequena. Assim, nessa etapa, o grupo e o professor vão, a partir das hipóteses levantadas, debater sobre a exequibilidade, definir prioridades e fazer escolhas baseadas no tempo, nos custos e nos recursos disponíveis para realizar as ações. Essa fase envolve um compromisso social, contribuindo para o exercício da cidadania e para a transformação dos estudantes em agentes de mudança. Quando for possível, o grupo e o professor deverão analisar também a intervenção, além do registro de todas as etapas (COLOMBO, 2007).

Veja no Quadro 2.4 exemplos de hipótese de solução e aplicação à realidade do arco de Maguerez.

QUADRO 2.4 Hipótese de solução e aplicação à realidade do arco de Maguerez

Etapa	**Problema:** uso de drogas para autoafirmação e independência entre os adolescentes
Hipótese de solução	• Confecção de material de apoio, como cartazes instrutivos e panfletos a respeito das drogas. • Ações de integração entre escola e família abordando o tema. • Depoimento de um ex-usuário que se disponha a contar sua história.
Aplicação à realidade	Ação na escola: dia da família na escola para prevenção do uso de drogas. Nesse dia, a programação pode incluir, por exemplo, ação educativa com palestras sobre os efeitos das drogas, distribuição de material de apoio produzido pelo grupo e exposição de vídeo com ex-usuário contando sua história. Além disso, pode ser fixado pela escola um fluxograma produzido pelo grupo sobre redes de apoio para usuários de drogas no município, e a ação pode ser finalizada com uma palestra de um profissional da saúde especializado em cuidados com adolescentes usuários de drogas.

Nessa etapa, fica evidente o envolvimento dos alunos e do professor com a comunidade. Isso possibilita a integração do ensino e da extensão, além de abrir oportunidades de incentivo à pesquisa.

> **DICA DOS ESPECIALISTAS**
>
> Ambas as metodologias apresentam etapas distintas, que são bem descritas na literatura. Contudo, nada impede que o professor adapte as fases e o processo de acordo com a própria realidade.

APRENDIZAGEM BASEADA EM PROBLEMAS

Proposta em 1969, no curso de medicina da Universidade McMaster, no Canadá, a PBL teve como objetivo inicial repensar a lógica tradicional de ensino, propondo um modelo de estruturação curricular baseado no esquema prática-teoria-prática (em detrimento do esquema tradicional teoria-prática). Sua intenção, portanto, era transformar os processos de ensino e aprendizagem, visando não apenas ao aprendizado significativo, mas também a questões administrativas, como a interdisciplinaridade, um menor número de docentes, um maior número de disciplinas optativas e um controle curricular feito por comissões temáticas (BOROCHOVICIUS; TORTELLA, 2014). Entretanto, vários estudiosos da metodologia apontam para a teoria do conhecimento de Dewey, em especial no que diz respeito ao pensamento reflexivo e ao processo de investigação (LOPES; SILVA-FILHO; ALVES, 2019).

Como a metodologia surgiu no curso de medicina, ela é usada tradicionalmente em estudos de casos da área da saúde. Contudo, hoje a PBL vem sendo bastante usada em cursos de engenharia e ciências sociais, bem como em diversas disciplinas do ensino básico.

A PBL é uma estratégia aplicada em grupo para o desenvolvimento da aprendizagem, e suas etapas são diferentes das da metodologia da problematização. Há, na PBL, três momentos, que estão esquematizados na Figura 2.2.

Inicia-se o primeiro momento com a construção do cenário, ou seja, com a situação e a delimitação do problema. Nesse caso, os problemas são elaborados pelos docentes, no geral, também para cumprir obrigatoriedades curriculares (BERBEL, 1998). Essa primeira etapa é fundamental para a vivência e o contato com a realidade ou contexto para o desenvolvimento da competência.

No momento posterior, chamado de "estudo autodirigido", o aluno deverá estudar individualmente, buscando aprofundar os conhecimentos

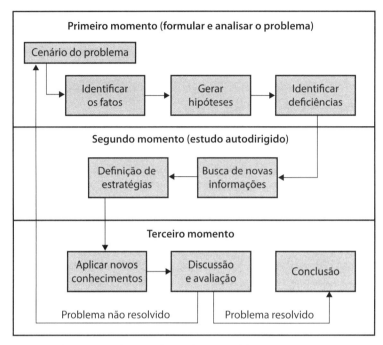

Figura 2.2 O ciclo da aprendizagem baseada em problemas.
Fonte: Adaptada de Lopes, Silva-Filho e Alves (2019).

incompletos formulados nas hipóteses explicativas (LOPES; SILVA-FILHO; ALVES, 2019). Assim, é nesse momento que serão articulados os conteúdos, indo ao encontro da lógica curricular da aprendizagem por competências — ou seja, primeiro se pensa na competência e, por último, no conteúdo que será associado a ela.

Para finalizar, no terceiro momento, cada membro retorna ao grupo tutorial para discutir novamente o problema, articulando elementos procedimentais (p. ex., análise) e atitudinais, associados aos novos conhecimentos adquiridos na fase anterior de estudo (LOPES; SILVA-FILHO; ALVES, 2019).

DICA DOS ESPECIALISTAS

A PBL propicia um ambiente controlado, que pode ser utilizado para atender às obrigatoriedades curriculares, ou seja, ao que é imprescindível para a jornada (ou currículo) do estudante.

Na metodologia da problematização, não há controle total dos resultados em termos de conhecimentos, pois, ao se buscar a resolução de um problema a partir da realidade, pode ocorrer de os resultados ultrapassarem os aspectos técnico-científicos, surpreendendo o professor. Por sua vez, na PBL o conhecimento é buscado em um ambiente mais controlado e delimitado pelo professor (BERBEL, 1998).

O problema na aprendizagem baseada em problemas

Na PBL, todo o percurso é influenciado pelo problema, que é previamente definido pelo professor. As características do problema influenciam o interesse do estudante, a discussão em grupo e o tempo necessário para sua resolução. Um problema com falta de informações pode dificultar o atingimento do objetivo de aprendizagem e da competência que se planejou desenvolver. Entretanto, por se tratar de uma abordagem para o desenvolvimento de competências, deve-se evitar a apresentação de um problema com informações em excesso, pois isso pode sobrecarregar o estudante e o grupo, dificultando o desenvolvimento da competência almejada.

Assim como a metodologia da problematização, a PBL possibilita que se considere o conhecimento prévio aprendido e se desenvolvam competências, como o pensamento crítico, o trabalho em equipe, a comunicação, a resolução de problemas, as habilidades de pesquisa, entre outras. Contudo, ao passo que a metodologia da problematização considera a realidade concreta, a PBL pode ter de atender à necessidade de cumprimento de um currículo e/ou de um objetivo de aprendizagem específico, quando o fenômeno estudado pode ser analisado pelo viés científico (BERBEL, 1998).

Dessa forma, na PBL a definição do problema é uma das etapas mais importantes, demandando do professor dedicação para o seu planejamento e construção. Embora possamos encontrar na literatura muitos exemplos de aplicação da PBL, há pouco material disponível que forneça orientações sobre a construção de um bom problema. Em Hung (2009), no entanto, podemos encontrar nove passos para a criação de situações-problema.

O modelo de Hung (2009) foi adaptado por nós neste livro para elucidar o processo, considerando a vivência dos docentes organizadores. Em nossa adaptação, o modelo foi sintetizado em quatro passos, descritos a seguir.

1. Determinar a competência que se almeja desenvolver: essa etapa auxilia no alinhamento entre a delimitação do problema e as questões curriculares, além de considerar os objetivos de aprendizagem e as competências almejadas.

2. Conduzir a análise de conteúdo: nessa etapa, é apresentada a necessidade tanto de conhecimentos prévios (conteúdos já vistos) quanto dos conhecimentos que serão contemplados no projeto, assim como habilidades e atitudes necessárias para a resolução do problema.

3. Formulação inicial do problema: nessa etapa, é realizada a descrição geral do problema.

4. Redação final da situação-problema de forma contextualizada.

Veja no Quadro 2.5 um exemplo de aplicação das quatro fases de elaboração do problema na PBL.

QUADRO 2.5 Exemplo das etapas de elaboração do problema na aprendizagem baseada em problemas

Etapa	Exemplo
Determinar a competência que se almeja desenvolver	Competência geral: solucionar caso de furto baseando-se no Código Penal.
Conduzir a análise de conteúdo	• Código Penal • Tipicidade material • Princípio da insignificância
Formulação inicial do problema	Caso de furto: os estudantes terão de analisar e justificar se o caso configura furto simples ou não.
Redação final da situação-problema de forma contextualizada	Um sujeito foi acusado de cometer furto simples após ter encontrado um relógio em uma biblioteca pública. Ao perceber a falta do bem, o dono procurou um funcionário do local, que, na presença de uma autoridade, encontrou o relógio nos pertences do acusado. Em grupo, respondam às questões apresentadas a seguir. • O caso é configurado como crime de furto simples? • Qual é a conduta recomendada nesse caso?

A explicação do problema na aprendizagem baseada em problemas

Na PBL, o momento em que os estudantes refletem sobre a explicação do problema é quando são elaboradas hipóteses para a sua resolução. É a partir dessas hipóteses que o grupo vai elaborar planos individuais de estudo, nos quais cada membro do grupo será responsável por reunir informações relativas ao problema. Nesse momento, o professor desempenha um papel moderado a intenso (a depender da maturidade e das vivências do grupo) na condução da elaboração de tais hipóteses. Contudo, cabe pontuar que a elaboração das hipóteses depende não apenas do perfil do estudante, mas também da forma como foi descrito o problema e do quanto esse problema causa perplexidade e estimula o aluno ao pensamento reflexivo (LOPES; SILVA-FILHO; ALVES, 2019).

O professor poderá ajudar o grupo a identificar os fenômenos que devem ser explicados e entendidos diante do problema. A partir dessa identificação, o grupo deverá formular explicações para a resolução do problema e propor temas para a aprendizagem autodirigida, ou seja, o grupo deverá debater uma proposta de pesquisa, incluindo aspectos, conceitos, teorias, etc. que deverão ser investigados, sempre de forma relacionada com as competências almejadas (BOROCHOVICIUS; TORTELLA, 2014).

Vejamos um exemplo de elaboração de hipótese para guiar os estudos na PBL. Vamos considerar o problema citado anteriormente:

Um sujeito foi acusado de cometer furto simples após ter encontrado um relógio em uma biblioteca pública. Ao perceber a falta do bem, o dono procurou um funcionário do local, que, na presença de uma autoridade, encontrou o relógio nos pertences do acusado.

Em grupo, respondam às questões apresentadas a seguir.
- O caso é configurado como crime de furto simples?
- Qual é a conduta recomendada nesse caso?

Nesse exemplo, é possível reparar que o professor já indicou alguns pontos que devem ser estudados, direcionando o trabalho dos estudantes. Assim, o grupo pode acreditar na hipótese de crime de furto simples. Como roteiro de aprendizagem, o grupo define estudar o Código Penal, a tipicidade material e o princípio da insignificância.

DICA DOS ESPECIALISTAS

Tanto a metodologia da problematização quanto a PBL apresentam tópicos que deverão guiar os estudos. Entretanto, a metodologia da problematização pode incluir questões além das técnicas-científicas, na etapa chamada "pontos-chave".

Importa ressaltar que a fase descrita aqui não corresponde à etapa de hipótese de solução da metodologia da problematização. Embora também estejamos falando da construção de uma hipótese, na PBL ela se dá antes do estudo, ao passo que a hipótese de solução da metodologia da problematização ocorre depois da etapa de teorização, isto é, as possíveis soluções são formuladas depois que o grupo já teve contato com informações científicas, técnicas, legais, históricas, empíricas, entre outras (BERBEL, 1998).

A busca do conhecimento científico na aprendizagem baseada em problemas — estudo autodirigido

No processo de construção do problema na PBL, o professor deve focar não apenas nos conteúdos conceituais, mas também no desenvolvimento de procedimentos e atitudes, de modo a atender tanto às necessidades de aprendizagem curriculares quanto às demandas da sociedade e do mercado de trabalho (CYRINO; TORALLES-PEREIRA, 2004).

Embora o objetivo do estudo autodirigido seja a busca do conhecimento científico, o estudante precisará desenvolver, além da capacidade de pesquisar referências e conteúdos, habilidades para resolver problemas e transformar as informações em conhecimento. Após a estruturação de hipóteses da etapa anterior, os alunos deverão, individualmente, aprofundar o estudo a partir do conhecimento que já têm.

Na PBL, esse momento ocorre essencialmente em bibliotecas ou em salas de aula com acesso à internet (LOPES; SILVA-FILHO; ALVES, 2019). A pesquisa consiste basicamente em um processo de coleta de informações consideradas importantes para a compreensão e a resolução do problema. Assim, os estudantes são estimulados a aprender e se preparam para resolver problemas relacionados com sua futura profissão (BERBEL, 1998).

Para auxiliar nessa etapa, o professor, que já participou do processo anterior de definição dos pontos a serem estudados, poderá direcionar o foco para a escolha da maneira como as informações serão arquivadas. Esse processo pode ser realizado de diferentes formas. Veja no Quadro 2.6 um exemplo de organização do estudo autodirigido na PBL.

QUADRO 2.6 Elaboração do quadro teórico para organização do estudo autodirigido			
Pontos para o estudo	**Síntese do achado**	**Como esse achado ajuda a resolver o problema**	**Referência**

A resolução do problema na aprendizagem baseada em problemas

Na PBL, os conhecimentos serão utilizados para resolver os problemas como uma atividade intelectual. Após o estudo autodirigido, o grupo deverá debater com base nos conhecimentos obtidos individualmente na etapa anterior. Os caminhos para a resolução do problema deverão ser analisados de forma coletiva, não devendo ser, necessariamente, compostos por um único ciclo de estudo autodirigido. Ou seja, pode ocorrer de, após o debate em grupo, ser identificada a necessidade de aprofundar o estudo ou pesquisar temas que não haviam sido pesquisados anteriormente (LOPES; SILVA-FILHO; ALVES, 2019).

Dessa forma, os estudantes são estimulados a desenvolver o raciocínio interdisciplinar, a autonomia, a comunicação, o trabalho em equipe, o aprendizado por pares, entre outras atitudes — além da perseverança, necessária para que seja encontrada uma resolução satisfatória para o problema. Cada grupo ou o próprio professor poderá decidir o formato da apresentação da resolução do problema, que poderá ser, por exemplo, um relatório, uma palestra, etc. Nessa fase, o professor, juntamente com os estudantes, avalia a pertinência da proposta de resolução do problema. Ao final desse processo, os alunos e o professor poderão refletir sobre os aprendizados e as competências desenvolvidas (MOREIRA; LOPES, 2019).

APRENDIZAGEM BASEADA EM PROBLEMAS OU PROBLEMATIZAÇÃO?

Como vimos, tanto a metodologia da problematização quanto a PBL são propostas ativas que proporcionam o desenvolvimento de diferentes competências pessoais, como o trabalho em equipe, a tomada de decisão, o pensamento crítico, entre outras. No entanto, ao passo que na metodologia da problematização o tema definido pelo docente é apenas o *start* do processo, sem haver controle sobre a definição do problema, na PBL a criação da situação-problema é de responsabilidade total do professor. Convém ressaltar que ambas as metodologias se diferenciam da ABPr — em que a questão norteadora é definida pelos estudantes e resulta em um artefato do saber —, pois o resultado será um relatório sobre as hipóteses abordadas no estudo.

Em relação à explicação do problema, tanto na metodologia da problematização quanto na ABPr, são incluídas hipóteses formuladas pelos alunos para as possíveis explicações do problema. Também em ambas as metodologias há o momento em que o grupo elege os temas que serão estudados. Na metodologia da problematização, essa é a fase dos pontos-chave, e na PBL ela equivale ao momento em que o grupo identifica as informações julgadas necessárias para resolver a questão levantada, correspondendo à fase de construção de um planejamento que norteará os estudos.

A busca do conhecimento científico é planejada de formas distintas na metodologia da problematização e na PBL. De todo modo, em ambos os casos o processo de pesquisa se beneficia da facilidade de acesso à informação proporcionada pelos avanços tecnológicos, que também trouxeram a necessidade de reinventar as possibilidades educacionais. Nesse contexto, o conhecimento científico pode ser entendido como aquele que lança mão da observação, da experimentação e da análise com o uso de uma metodologia sistemática.

A aprendizagem por meio da pesquisa fomenta a curiosidade e o pensamento crítico, além de contribuir para o desenvolvimento da comunicação escrita e do raciocínio lógico (BEZERRA; NASCIMENTO, 2020). Quando associada a métodos de ensino por competências, como a metodologia da problematização e a PBL, ela também pode contribuir para o desenvolvimento da comunicação oral, da interação social, da argumentação e de outras competências importantes para o mundo atual.

Tanto na metodologia da problematização quanto na PBL, a proposta é que o estudante seja o ator principal no processo de ensino e aprendizagem. Portanto, a formulação dos resultados é um momento privilegiado para que o aluno associe conhecimentos de forma que possam ser ampliados, ganhar novos sentidos e tornar-se significativos (CYRINO; TORALLES-PEREIRA, 2004).

O principal benefício da metodologia da problematização é a possibilidade de integração de saberes diversos, sejam eles técnicos, científicos, sociais, políticos, éticos, econômicos ou culturais. Quanto aos benefícios da PBL, podemos citar o atendimento de demandas curriculares e o controle de conteúdo e de tempo.

Com um entendimento aprofundado dessas duas propostas metodológicas, os professores podem atuar não apenas com criatividade, postura crítica e em favor da aprendizagem, mas também com consciência sobre as possibilidades pedagógicas para a tomada de decisão na estruturação de currículos, planos pedagógicos e treinamentos corporativos.

Apesar de as duas metodologias apresentarem etapas distintas, nada impede o professor de adaptá-las de acordo com sua realidade. Ambas as metodologias oferecem muitas possibilidades, melhoram a interatividade entre professor e estudantes, bem como promovem o desenvolvimento de muitas competências necessárias no mundo atual. Mesmo com caminhos diferentes, as duas são propostas que, além de incentivar uma atuação docente criativa e crítica, podem romper um ciclo de reprodução de informação, visando a um aprendizado significativo pela redução da lacuna que se observa entre a teoria e a prática.

APRENDIZAGEM BASEADA EM DESAFIOS

Podendo ser aplicada em diferentes áreas do conhecimento e em níveis de ensino distintos, a CBL é uma abordagem que utiliza situações do mundo real para envolver o estudante no desenvolvimento de competências, de modo que ele se torne capaz de aplicar o conhecimento, agir e elaborar algo em determinado contexto, seja ele profissional ou pessoal. Portanto, a CBL está alicerçada nos três elementos da competência e vinculada a uma situação real, contribuindo para o desenvolvimento de diferentes habilidades, como, por exemplo, o trabalho colaborativo, a resolução de problemas, a tomada de decisão e a liderança.

A CBL apresenta uma similaridade com a ABPr: ambas envolvem os estudantes em problemas do mundo real visando ao desenvolvimento de soluções específicas. Contudo, na CBL são abertos e gerais os cenários e problemas a partir dos quais os estudantes vão determinar o desafio que enfrentarão, além de nessa abordagem os alunos serem responsáveis por determinar qual será o desafio.

Também há semelhanças entre a CBL e a PBL, como, por exemplo, o caráter colaborativo. Porém, na PBL o trabalho surge de uma situação--problema geralmente fictícia. Além disso, essa metodologia não objetiva resolver o problema em si, mas utilizá-lo para o desenvolvimento da aprendizagem, e o produto final resulta em uma proposta de solução para o problema fictício proposto.

No que diz respeito à elaboração e condução da CBL, há diferenças em relação à ABPr e à PBL. Na CBL, para cada desafio devem ser propostas diferentes soluções, que devem ter sua eficácia testada e implementada em um ambiente real. Posteriormente, é prevista a validação, ou seja, a verificação da solução proposta, bem como a realização de ajustes visando à melhoria do trabalho.

Assim, podemos perceber que a CBL é desafiadora tanto para os estudantes quanto para os docentes, sendo essa a essência desse método de ensino por competências. Afinal, espera-se que o desafio seja provocador, envolvente, de maneira a estimular os estudantes a resolver os problemas vivenciados.

Ciclo da aprendizagem baseada em desafios

O ciclo da CBL contempla ao menos as seis etapas descritas a seguir.

1. Desafio: seleção e definição do problema para a aprendizagem.
2. Ideias: reflexões e ideias gerais sobre a problemática desafiadora indicada.
3. Perspectivas: estudo das múltiplas formas de se abordar o desafio.
4. Investigação e revisão: participação em atividades de pesquisa e revisão dos achados.
5. Teste: autoavaliação formativa do estudante.
6. Solução: publicação da solução dos produtos e resultados alcançados.

A definição do desafio como elemento central da aprendizagem

A definição do desafio é um elemento essencial para a CBL, afinal o planejamento do desenvolvimento da competência e das atividades de aprendizagem será voltado para a resolução do desafio. Um desafio pode ser utilizado como elemento metodológico central de uma disciplina ou, ainda, ser compreendido como uma unidade curricular.

A estruturação do desafio e de suas etapas de aprendizagem, seja na disciplina, seja de maneira curricular, deverá contemplar as 10 fases descritas a seguir.

1. Ideia geral: o desafio inicia com a escolha de uma ideia geral, que consiste em um conceito amplo que poderá ser explorado de diferentes formas, devendo ser atraente e importante para os alunos e para a sociedade. Temas com significado global, como, por exemplo, os *17 objetivos de desenvolvimento sustentável no Brasil* (Figura 2.3), são exemplos de ideias gerais.

2. Questão essencial: a partir da ideia geral, são geradas várias questões. A questão essencial vai refletir o interesse dos estudantes e as necessidades da comunidade, delimitando a ideia geral e servindo como elemento orientador para os estudantes. Como estratégia de

Figura 2.3 Ideias gerais: objetivos de desenvolvimento sustentável no Brasil.
Fonte: ONU (2023, documento *on-line*).

aprendizagem, o professor pode utilizar o *brainstorm* para debater as possíveis questões.

3. Desafio: decorre da questão essencial, articulando e envolvendo os alunos na elaboração de uma solução específica que resultará em uma ação concreta e significativa. A partir da ideia geral e das possíveis questões essenciais, chega-se à proposição do desafio, visando a ações locais, reais, concretas. Uma equipe pode se propor a resolver uma ou mais questões essenciais de um mesmo desafio. A decisão sobre o desafio que será resolvido cabe aos estudantes.

4. Perguntas, atividades e recursos de orientação: representam o conhecimento necessário para solucionar o desafio e fornecem um mapa para o processo de aprendizagem. Tais perguntas, atividades e recursos devem ser gerados pelos estudantes, que identificam lições, simulações, atividades e conteúdos que possam auxiliá-los na resposta às questões essenciais e no estabelecimento da base para o desenvolvimento de soluções inovadoras e realistas. Nota-se que é apenas nessa etapa, após a delimitação do desafio, que são disponibilizados os conteúdos, evidenciando o foco no desenvolvimento da competência, e não no conteúdo.

5. Solução: cada conjunto de desafios é amplo o suficiente para permitir uma variedade de soluções. A partir das perguntas, recursos e atividades de aprendizagem, deve-se pensar a solução, que deve ser concreta, claramente articulada e viável para ser implementada na comunidade local.

6. Implementação: após a definição de possíveis soluções, os estudantes devem testar a eficácia de sua implementação em um ambiente real. A implementação pode variar conforme o tempo e os recursos disponíveis, mas é essencial que ela seja realizada em um ambiente real.

7. Avaliação: sugere-se que a avaliação seja realizada não apenas depois da implementação. Ela deve ter caráter formativo e processual, isto é, ser realizada em cada etapa e processo do desafio. Os resultados da avaliação formativa confirmam o aprendizado e apoiam a tomada de decisão de acordo com o progresso da implementação da solução. O processo e o produto podem ser avaliados pelo professor.

8. Validação: os estudantes avaliam o sucesso da solução proposta no desafio usando métodos qualitativos e quantitativos, como pesquisas, entrevistas e vídeos. A fase de validação é fundamental para a verificação da solução proposta, bem como para a proposição de eventuais ajustes visando à melhoria do trabalho.

9. Documentação e publicação: os desafios podem servir como base para um portfólio de aprendizagem e como um fórum para comunicar a solução a todos (professores, estudantes e comunidade em geral). Podem ser usados *blogs*, vídeos e outras ferramentas.

10. Reflexão e diálogo: a reflexão é fundamental para o desenvolvimento da aprendizagem. O estudante precisa refletir sobre a própria aprendizagem, considerando as vivências, os conteúdos, os conceitos, as experiências e as interações com as pessoas.

Vê-se, portanto, que a CBL consiste em uma abordagem de natureza flexível e aberta, uma vez que parte de situações reais amplas (ideia geral) referentes a algum tema. Isso vai contribuir para desenhar, planejar e delimitar a aprendizagem por desafios, bem como os conteúdos (conhecimento) a serem disponibilizados e estudados.

DICA DOS ESPECIALISTAS

Ao usar a CBL para planejar uma disciplina ou unidade curricular, é importante levar em consideração o tempo necessário para o seu desenvolvimento, incluindo todos os elementos previstos na CBL, desde a ideia geral até a documentação, a publicação, a reflexão e o diálogo.

Na CBL, os estudantes são provocados, estimulados e colocados mais intensamente no centro da aprendizagem. Nessa perspectiva, os estudantes são responsáveis por determinar o desafio que enfrentarão, bem como por elaborar o planejamento, roteiro ou mapa que vai guiar todo o processo de aprendizagem e resolução do problema desafiador.

ANÁLISE COMPARATIVA: ABPR, PBL E CBL

Como vimos até aqui, a ABPr, a PBL e a CBL apresentam similaridades em alguns pontos, diferenças em outros e às vezes se complementam (Quadro 2.7). No Brasil, a metodologia mais difundida é a PBL, que é muito utilizada nos cursos da área da saúde. A ABPr, por sua vez, passou a ser mais amplamente utilizada no país na última década, sendo evidenciada principalmente nas unidades curriculares chamadas "projeto integrador". Quanto à CBL, ainda se vê pouca aplicação. É interessante observar que já existem casos de currículos construídos tendo como base a PBL e a ABPr.

QUADRO 2.7 Análise comparativa dos métodos ABPr, PBL e CBL

	ABPr	PBL	CBL
Aprendizagem	Os estudantes aprendem por meio da elaboração de um projeto, ao longo do qual será construído o conhecimento em torno de um cenário real (âncora) e de uma questão norteadora.	Os estudantes adquirem conhecimento por meio da solução de um problema fictício, em um estudo autodirigido que objetiva a confirmação de hipóteses e a solução do problema em um ambiente controlado.	Os estudantes, juntamente com professores e especialistas da comunidade, buscam soluções para problemas reais e, assim, desenvolvem competências. É o próprio desafio que desencadeia a busca pelo conhecimento e por ferramentas e recursos para o desenvolvimento da competência.
Enfoque	Confrontar o estudante com uma situação real, relevante e pré-definida que demanda a solução ou a elaboração de um produto.	Confrontar o estudante com uma situação-problema relevante e fictícia que não necessariamente requer uma solução real.	Confrontar o estudante com uma situação real, aberta e flexível para a qual podem ser apresentadas diferentes soluções, a serem testadas e implementadas.

(Continua)

66 Ordoñez, Camargo & Higashi

QUADRO 2.7 Análise comparativa dos métodos ABPr, PBL e CBL (*Continuação*)

	ABPr	PBL	CBL
Produto (artefato do saber)	Os estudantes devem criar um produto, fazer uma apresentação (produto público) ou, ainda, demonstrar a solução.	Os estudantes devem apresentar um relatório que comprove as hipóteses e a solução (ou não) do problema proposto, resultante do processo de aprendizagem.	Os estudantes devem criar uma solução que seja implementada e funcione em um ambiente real (ação concreta).
Processo	Os estudantes trabalham com um projeto pré-definido, de maneira que ele gere produtos relacionados à temática da aprendizagem proposta.	Os estudantes trabalham com problemas fictícios para testar sua capacidade de refletir, raciocinar e investigar teoricamente sobre o assunto. O conhecimento será aplicado em um relato da solução do problema proposto.	Os alunos analisam, projetam e implementam a melhor solução para enfrentar o desafio, de maneira que eles e outras pessoas possam ver, acompanhar e verificar a solução implementada (medir).
Papel do professor	Mediador, facilitador, orientador e gestor da aprendizagem de projetos.	Facilitador e orientador da aprendizagem.	*Coach*, orientador, copesquisador e *codesigner*.

Fonte: Adaptado de Monterrey (2015).

Embora a CBL seja pouco vista como metodologia de aprendizagem em cursos e disciplinas, podemos mencionar como um recurso próximo ou familiar a essa metodologia o uso da estratégia de aprendizagem de *design thinking*, utilizada como apoio, por exemplo, nas disciplinas de projeto integrador. No entanto, importa ressaltar que a CBL não é apenas uma estratégia de aprendizagem; ela coloca o estudante no centro da aprendizagem e o torna efetivamente responsável por ela, cabendo ao professor atuar como orientador, copesquisador, *designer* e *codesigner* de possíveis desafios e soluções.

ROTEIROS DE APRENDIZAGEM

Os roteiros de aprendizagem evidenciam a descrição do percurso de determinada unidade curricular (UC), ou seja, o que os estudantes vão reali-

Planejamento e gestão da aprendizagem por competências **67**

zar a cada etapa da jornada de aprendizagem, que estará ancorada em uma metodologia de aprendizagem (ABPr, PBL ou CBL) voltada para o desenvolvimento por competências. Assim, o roteiro deve detalhar o que os estudantes deverão realizar na UC, independentemente da carga horária. Por exemplo, na educação híbrida, uma UC pode ter 80 horas, distribuídas em 20 encontros de 3 horas, intercalados com momentos *off-line* (assíncronos); ou, ainda, em vez de 20 encontros, ter 10 encontros de 2 horas, interdependentes com a aprendizagem assíncrona. As possibilidades são inúmeras.

Tais roteiros auxiliam na implementação e operacionalização de modelos educacionais cujas UCs se assentam em metodologias de aprendizagem por competências. Nesse sentido, são apresentados quatro roteiros: roteiro de aprendizagem baseado na ABPr, roteiro de aprendizagem voltado para a PBL, roteiro de aprendizagem para auxiliar na metodologia da problematização e roteiro de aprendizagem com uso da CBL.

DICA DOS ESPECIALISTAS

Cada roteiro pode seguir os pressupostos metodológicos básicos de cada método de aprendizagem por competências. Alguns modelos educacionais no Brasil utilizam uma ou mais dessas metodologias, de maneira isolada ou combinando aspectos (p. ex., aspectos da ABPr com aspectos da metodologia da problematização), ou, ainda, utilizando o arco de Maguerez como fio condutor na elaboração de projetos.

É importante ressaltar que os roteiros de aprendizagem podem considerar atividades autoinstrucionais, disponibilizadas virtualmente. O peso da intenção instrucional pode depender da complexidade da competência que se quer desenvolver, bem como do período em que o estudante se encontra.

Nesse sentido, para um estudante que está iniciando determinado curso de graduação, pode ser mais interessante que a jornada inicial tenha maior peso instrucional. Então, aos poucos, à medida que o aluno avança e progride, a instrucionalidade pode ser reduzida, tornando o curso mais desafiador, ou seja, exigindo mais esforço, dedicação, motivação, perseverança e autonomia — aspectos atitudinais que podem ser estimulados junto à virtualidade e ao estudo independente. Por sua vez, nos momentos síncronos ou presenciais, podem-se instigar mais facilmente habilidades como o autocontrole, a resiliência e a colaboração.

O Quadro 2.8 mostra um exemplo de roteiro de aprendizagem baseado na ABPr, para um período de 20 semanas.

QUADRO 2.8 Exemplo de roteiro de aprendizagem com base na ABPr

Semana	Atividades
1	Orientações sobre o projeto a ser realizado Alinhamento de expectativas Apresentação de projetos realizados/produtos desenvolvidos
2	Apresentação de âncoras Dinâmica de imersão nas situações-problema
3	Apresentação/debate das situações-problema presentes nas âncoras
4	Levantamento e delimitação da questão orientadora
5	Planejamento da resolução do problema
6	Oficina de investigação
7	Acompanhamento/orientações individuais e coletivas/*feedback*
8	Oficina de análise, tabulação e discussão dos achados
9	Acompanhamento/orientações individuais e coletivas/*feedback*
10	Apresentação dos resultados parciais
11	Acompanhamento/orientações individuais e coletivas
12	Oficina de solução de problemas/*brainstorm* de possíveis soluções
13	Compartilhamento dos resultados com os colegas
14	Acompanhamento/orientações individuais e coletivas
15	Oficina de prototipagem de produtos/artefatos do saber
16	Acompanhamento/orientações individuais e coletivas
17	Acompanhamento/orientações individuais e coletivas
18	Pré-apresentação da solução/artefato/produto
19	Ajustes e melhorias para a mostra/feira (produto público)
20	Apresentação final de todos os projetos (produto público) para a comunidade (aberta ao público)

Planejamento e gestão da aprendizagem por competências **69**

O Quadro 2.9 apresenta um exemplo de roteiro de aprendizagem baseado na PBL, para um período de 20 semanas.

QUADRO 2.9 Exemplo de roteiro de aprendizagem com base na PBL

Semana	Atividades
1	Apresentação e contextualização Delimitação do problema
2	Formulação inicial do problema
3	Redação final da situação-problema de forma contextualizada
4	Explicação do problema
5	Elaboração de hipóteses
6	Teorização
7	Teorização
8	Teorização
9	Quadro teórico
10	Acompanhamento/orientações individuais e coletivas
11	Acompanhamento/orientações individuais e coletivas
12	Compartilhamento com colegas
13	Resolução do problema
14	Resolução do problema
15	Acompanhamento/orientações individuais e coletivas
16	Apresentação da resolução do problema
17	Apresentação da resolução do problema
18	Elaboração do relatório final
19	Elaboração do relatório final
20	Apresentação do relatório final

O Quadro 2.10 apresenta um exemplo de roteiro de aprendizagem baseado na metodologia da problematização, para um período de 20 semanas.

QUADRO 2.10 Exemplo de roteiro de aprendizagem com base na metodologia da problematização

Semana	Atividades
1	Apresentação e contextualização Delimitação do problema
2	Discussão sobre o tema
3	Planejamento da observação da realidade
4	Explicação do problema
5	Pontos-chave
6	Teorização
7	Teorização
8	Quadro teórico
9	Acompanhamento/orientações individuais e coletivas
10	Oficina de resolução do problema
11	Elaboração de hipóteses de solução
12	Compartilhamento com colegas
13	Aplicação à realidade
14	Aplicação à realidade
15	Acompanhamento/orientações individuais e coletivas
16	Apresentação da resolução do problema (incluir conclusão, isto é, se o problema foi resolvido ou não)
17	Elaboração do relatório final
18	Elaboração do relatório final
19	Apresentação do relatório final
20	Percepções da metodologia da problematização

O Quadro 2.11 apresenta um exemplo de roteiro de aprendizagem baseado na CBL, para um período de 20 semanas.

QUADRO 2.11 Exemplo de roteiro de aprendizagem com base na CBL

Semana	Atividades
1	Levantamento da ideia geral
2	Elaboração/delimitação da questão essencial
3	Elaboração/delimitação da questão essencial: compartilhamento e discussão com colegas
4	Proposição do desafio
5	Perguntas, atividades e recursos de orientação/elaboração do mapa para o processo de aprendizagem
6	Acompanhamento/orientações individuais e coletivas
7	Acompanhamento/orientações individuais e coletivas
8	Acompanhamento/orientações individuais e coletivas
9	Proposição de solução
10	Proposição de solução: compartilhamento e discussão com colegas
11	Implementação da solução
12	Implementação da solução
13	Acompanhamento/orientações individuais e coletivas
14	Validação
15	Acompanhamento/orientações individuais e coletivas
16	Validação: compartilhamento e discussão com colegas
17	Documentação e publicação
18	Documentação e publicação: compartilhamento com colegas e discussão
19	Ajustes finais/elaboração da documentação e publicação final
20	Reflexão e diálogo

Por fim, convém mencionar que há estratégias de aprendizagem que podem ser aplicadas como meio em determinada UC. Por exemplo, alguns professores utilizam o *design thinking* como metodologia para orientar a jornada do estudante na realização de seu trabalho de conclusão de curso. Contudo, ao serem utilizadas como meio, essas metodologias deixam de servir como suporte para um modelo educacional (ou ecossistema de aprendizagem híbrida) e passam a ser empregadas de maneira isolada, adotadas por um professor em uma disciplina, em um curso que, nesse caso, se apresenta como tradicional e conteudista.

MODELOS EDUCACIONAIS BRASILEIROS

No Brasil, diversas instituições de ensino buscaram criar um modelo de ensino que atendesse aos desafios impostos pela dinâmica de mercado, pela digitalização da sociedade e pela legislação acadêmica, de maneira a otimizar o ecossistema de aprendizagem e entregar melhores resultados. A seguir, elencamos algumas características comuns adotadas por tais modelos educacionais.

- A adoção de 20% a 40% de virtualidade, permitida pela legislação brasileira em cursos presenciais (ano base: 2021), por meio da sala de aula invertida, ou a adoção de 20% a 30% de presencialidade em cursos à distância. A educação híbrida vem crescendo e tende a ter regulação própria, havendo a possibilidade de ampliação desses percentuais.
- Uso da ABPr, da PBL ou da metodologia da problematização — em muitos casos, com o uso do arco de Maguerez, que vem sendo amplamente utilizado em projetos integradores.
- Uso do modelo educacional combinativo, mesclando diversos métodos de ensino por competências, como, por exemplo, o uso da problematização no projeto integrador (jornada de aprendizagem pautada no arco de Maguerez), sendo seu resultado concretizado em um produto ou artefato, disponibilizado publicamente (método de projetos).
- Adoção de currículos que têm como base UCs materializadas em projetos ou problemas, sendo este último comum em cursos da área da saúde.
- Adoção de currículos modulares interdisciplinares, trimestrais ou semestrais, combinando diversas metodologias e conteúdos visando ao desenvolvimento das competências previstas no semestre.
- Adoção de sistema de avaliação formativo, acompanhando o desenvolvimento da competência durante toda a jornada do estudante, etapa a etapa, avaliando as *hard skills* e as *soft skills*.

Contudo, alguns modelos educacionais ainda são fortemente ancorados no conteúdo, mesmo que sejam apoiados em metodologias ativas de ensino — ou, ainda, na ABPr ou na PBL. Muitas vezes, o que há nesses casos é a adoção de maneiras diferentes de ensinar conteúdos ou de buscar maior engajamento no ensino, que segue sendo centrado no conteúdo. Isso é perceptível nos chamados "objetivos de aprendizagem" e na matriz curricular estruturada por disciplinas, ou seja, por conteúdos.

Também há casos em que, ao buscar a inovação e implementação de modelos educacionais e centrar-se em uma metodologia específica (p. ex., a ABPr), as instituições acabam tornando o currículo e a operação mecanicistas, com roteiros instrucionais e processos definidos, faseados, similares para todos os projetos. É como se um professor desse aulas da mesma maneira todos os dias, utilizando a mesma estratégia pedagógica, em todo o curso.

Nesse sentido, é importante ter atenção durante a modelagem do curso para evitar disfunções no modelo pedagógico que possam torná-lo mecanicista e burocrático, isto é, organizado de modo que sua execução (operação) se torne repetitiva. Assim, pode-se evitar que o processo em si (método) se torne o elemento central, em vez da aprendizagem.

Ao serem adotados como premissa de modelos educacionais, formando ecossistemas inovadores de ensino e aprendizagem, os métodos de ensino por competências oferecem alguns benefícios, como:

- desenvolvimento da competência como finalidade da aprendizagem (o conteúdo passa a ser um meio);
- integração entre ensino e prática profissional;
- integração entre ensino, trabalho e comunidade;
- integração entre professor, aluno e tutor na elaboração do projeto;
- adaptação da aprendizagem à realidade local;
- aprendizagem contextualizada (aprendizagem por experiências);
- flexibilidade curricular (eliminação da serialização);
- extensão da curricularização por meio da UC, denominada "projeto integrador";
- pré-requisitos dentro de cada UC (projeto, problema ou módulo);
- personalização do processo de aprendizagem.

Tais modelos educacionais transformam o papel do professor, que passa a ser mais mediador e orientador na elaboração de algum produto ou artefato, além de gestor da aprendizagem, curador e/ou produtor de conteúdo. O professor, nesse sentido, tem a oportunidade de se dedicar à orientação da resolução de problemas, uma vez que a apresentação do conteúdo passa a ser ancorada na sala de aula invertida, por meio de, por exemplo, unidades de aprendizagem e estudo independente, focado no aprender a aprender.

Um modelo educacional centrado no desenvolvimento de competências oportuniza a criação de ecossistemas de aprendizagem, pois altera todo o sistema de ensino utilizado até o momento, desde o planejamento (concepção do currículo, planejamento e condução da aula) até a avaliação, reforçando a autonomia do docente para assessorar e apoiar o protagonismo do estudante no desenvolvimento da competência.

REFERÊNCIAS

BERBEL, N. A. N. *A metodologia da problematização com o Arco de Maguerez*: uma reflexão teórico-epistemológica. Londrina: EDUEL, 2012.

BERBEL, N. A. N. A problematização e a aprendizagem baseada em problemas: diferentes termos ou diferentes caminhos? *Interface*, v. 2, n. 2, p. 139-154, 1998. Disponível em: https://www.scielo.br/j/icse/a/BBqnRMcdxXyvNSY3YfztH9J. Acesso em: 28 abr. 2023.

BEZERRA, H. S. N.; NASCIMENTO, J. M. Percepções sobre metodologia e conhecimento científico: horizontes virtuais. *Intersaberes*, v. 15, n. 35, 2020. Disponível em: https://www.revistasuninter.com/intersaberes/index.php/revista/article/view/1481. Acesso em: 28 abr. 2023.

BORDENAVE, J.; PEREIRA, A. *Estratégias de ensino aprendizagem*. 4. ed. Petrópolis: Vozes, 1982.

BOROCHOVICIUS, E.; TORTELLA, J. C. B. Aprendizagem baseada em problemas: um método de ensino-aprendizagem e suas práticas educativas. *Ensaio*: Avaliação e Políticas Públicas em Educação, v. 22, n. 83, p. 263-294, 2014. Disponível em: https://www.scielo.br/j/ensaio/a/QQXPb5SbP54VJtpmvThLBTc/abstract/?lang=pt#. Acesso em: 28 abr. 2023.

COLOMBO, A. A. Metodologia da problematização com o arco de Maguerez e sua relação com os saberes de professores. *Semina*: ciências sociais e humanas, v. 28, n. 2, p. 121-146, 2007. Disponível em: https://ojs.uel.br/revistas/uel/index.php/seminasoc/article/view/3733. Acesso em: 28 abr. 2023.

CYRINO, E. G.; TORALLES-PEREIRA, M. L. Trabalhando com estratégias de ensino-aprendizado por descoberta na área da saúde: a problematização e a aprendizagem baseada em problemas. *Cadernos de Saúde Pública*, v. 20, p. 780-788, 2004. Disponível em: https://www.scielo.br/j/csp/a/mrrzr85SM93thZzwGFBm56q/?lang=pt#. Acesso em: 28 abr. 2023.

DEWEY, J. *Como pensamos*: como se relaciona o pensamento reflexivo com o processo educativo: uma reposição. São Paulo: Companhia Editora Nacional, 1959.

FUJITA, J. A. L. M. *et al*. Uso da metodologia da problematização com o arco de Maguerez no ensino sobre brinquedo terapêutico. *Revista Portuguesa de Educação*, v. 29, n. 1, p. 229-258, 2016. Disponível em: https://revistas.rcaap.pt/rpe/article/view/rpe.5966. Acesso em: 28 abr. 2023.

HUNG, W. The 9-step problem design process for problem-based learning: aplication of the 3C3R model. *Educational Research Review*, v. 4, n. 2, p. 118-141, 2009. Disponível em: https://www.sciencedirect.com/science/article/pii/S1747938X08000444. Acesso em: 28 abr. 2023.

LOPES, M. R.; SILVA-FILHO, V. M.; ALVES, G. N. *Aprendizagem baseada em problemas:* fundamentos para a aplicação no ensino médio e na formação de professores. Rio de Janeiro: Publik, 2019.

MARQUES, L. William Kilpatrick e o método de projeto. *Cadernos de Educação de Infância*, v. 1, n. 107, p. 4-5, 2016. Disponível em: http://apei.pt/upload/ficheiros/edicoes/Artigo%20Destaque.pdf. Acesso em: 28 abr. 2023.

MONTEIRO, M. M.; MARCELINO, V. S. O uso da metodologia da problematização com o arco de Maguerez para o ensino de química. *Revista de Educação, Ciências e Matemática*, v. 8, n. 3, 2018. Disponível em: http://publicacoes.unigranrio.edu.br/index.php/recm/article/view/4700. Acesso em: 28 abr. 2023.

MONTERREY, T. Aprendizaje basado en retos. *Reporte EduTrends,* 2015. Disponível em: https://observatorio.tec.mx/edu-reads/aprendizaje-basado-en-retos/. Acesso em: 28 abr. 2023.

MOREIRA, L. M.; LOPES, T. I. B. Aprendizagem baseada em problemas (ABP): proposta de modelo pedagógico e avaliação da efetividade na educação profissional. *Revista Brasileira da Educação Profissional e Tecnológica*, v. 1, n. 16, p. 7963, 2019. Disponível em: https://www2.ifrn.edu.br/ojs/index.php/RBEPT/article/view/7963. Acesso em: 28 abr. 2023.

ONU. *Objetivos de Desenvolvimento Sustentável.* Brasília: Nações Unidas do Brasil, 2023. Disponível em: https://brasil.un.org/pt-br/sdgs. Acesso em: 28 abr. 2023.

VIEIRA, M. N. C. M.; PANÚNCIO-PINTO, M. P. A Metodologia da Problematização (MP) como estratégia de integração ensino-serviço em cursos de graduação na área da saúde. *Medicina (Ribeirão Preto),* v. 48, n. 3, p. 241-248, 2015. Disponível em: https://www.revistas.usp.br/rmrp/article/view/104310. Acesso em: 28 abr. 2023.

ZABALA, A. ARNAU, L. *Métodos para ensinar competências.* Porto Alegre: Artmed, 2020.

LEITURAS RECOMENDADAS

BENDER, W. N. *Aprendizagem baseada em projetos:* educação diferenciada para o século XXI. Porto Alegre: Penso, 2014.

BERBEL, N. A. N.; GAMBOA, S. A. S. *A metodologia da problematização com o arco de Maguerez:* uma reflexão teórico-epistemológica. *Filosofia & Educação*, v. 3, n. 2, 2011. Disponível em: https://periodicos.sbu.unicamp.br/ojs/index.php/rfe/article/view/8635462. Acesso em: 28 abr. 2023.

BUCK INSTITUTE FOR EDUCATION. *Aprendizagem baseada em projetos:* guia para professores de ensino fundamental e médio. 2. ed. Porto Alegre: Artmed, 2008.

CATOR, K.; NICHOLS, M. H. *Challenge Based Learning:* take action and make a difference. Cupertino: Apple, 2008. Disponível em: https://www.challengebasedlearning.org/wp-content/uploads/2019/03/CBL_Paper_2008.pdf. Acesso em: 28 abr. 2023.

CHALLENGE INSTITUTE. *Challenge Based Learning.* [*S. l.*]: CBL, 2018. Disponível em: https://www.challengebasedlearning.org/pt/. Acesso em: 28 abr. 2023.

GEMIGNANI, E. Y. M. Formação de professores e metodologias ativas de ensino–aprendizagem: ensinar para a compreensão. *Fronteiras da Educação*, v. 1, n. 2, 2012. Disponível em: https://www.webartigos.com/artigos/formacao-de-professores-e-metodologias-ativas-de-ensino-aprendizagem-ensinar-para-compreensao/160493. Acesso em: 28 abr. 2023.

HERNÁNDEZ, F.; VENTURA, M. *A organização do currículo por projetos de trabalho:* o conhecimento é um caleidoscópio. 5. ed. Porto Alegre: Artmed, 1998.

PACHECO, V. A. *et al.* Project-Led Education: Uma metodologia ativa de ensino: estudo de caso com estudantes de Administração. *In*: ENANGRAD, 28., Brasília, 2017. *Anais* [...]. Brasília, 2017. Disponível em: http://www.enangrad.org.br/2017/pdf/2017_ENANGRAD189.pdf. Acesso em: 16 ago. 2018.

ZABALA, A. ARNAU, L. *Como aprender e ensinar competências.* Porto Alegre: Artmed, 2010.

3

As atividades de aprendizagem

Na aprendizagem para o desenvolvimento de competências, devem-se considerar três elementos indissociáveis: conhecimentos, procedimentos (habilidades) e atitudes. Nesse sentido, uma atividade de aprendizagem, para contribuir com o desenvolvimento de competências, deve articular esses três componentes. Tal combinação extrapola o entendimento do ensino centrado exclusivamente no conteúdo ou, ainda, no conhecimento (um dos três componentes da competência).

Durante muito tempo, o modelo de ensino vigente esteve voltado para a transmissão de conteúdos. Nesse modelo, eram mais valorizados os momentos em que os docentes apresentavam o conhecimento para estudantes que assistiam às aulas passivamente por horas. Quando nos propomos a trabalhar o desenvolvimento de competências, deixamos de focar apenas o conteúdo e passamos a olhar também para os aspectos procedimentais e atitudinais, que devem ser desenvolvidos conjuntamente, tornando os estudantes ativos no processo de aprendizagem.

Em outros termos, o desenvolvimento de aspectos procedimentais e atitudinais leva à pedagogia ativa, uma vez que se mostra necessário avaliar o estudante em algo que ele faz, ou seja, durante uma jornada ao longo da qual será preciso elaborar algo e, ao final, demonstrar que é competente. Não se demonstra competência sem dizer os porquês, evidenciar os procedimentos e se colocar atitudinalmente competente.

As atividades de aprendizagem consistem na sequência didática que vai exigir do estudante conhecimento (saber), mas também um mínimo domínio de aspectos procedimentais e atitudinais. Ou seja, em vez de o estudante se mostrar passivo, esperando a avaliação voltada para a memorização de algum conteúdo (que ele espera que seja utilizado em algum momento futuro), ele deve fazer/criar, dentro de determinados princípios e normas de comportamento (ser), de maneira contextualizada ou, ainda, diante de situações-problema concretas.

Esse modo de pensar o processo de aprendizagem também objetiva que a aprendizagem tenha significado para o estudante, que ela seja efetiva. Trata-se de um ponto importante no cenário do ensino superior, da andragogia, em que aprendizagem e experiência não podem estar dissociadas.

O processo da educação híbrida permitiu o uso mais intensivo das atividades de aprendizagem, ou de atividades voltadas para a elaboração frente às situações-problema (aplicação do conhecimento), uma vez que o conteúdo ou conhecimento (compreensão inicial) pode ser deslocado para o ambiente virtual. Isso permite ao estudante realizar a elaboração, ou seja, a aplicação articulando diferentes saberes e habilidades (cognitivas e comportamentais), em momentos de interação, presenciais ou síncronos, sob orientação e mediação docente.

Nesse sentido, o planejamento de uma atividade de aprendizagem deve ser pensado de maneira que articule esses elementos em diferentes momentos (síncronos ou *on-line*, assíncronos ou *off-line*), de modo a buscar a sinergia que a educação híbrida pode proporcionar, extraindo o melhor do processo de aprendizagem.

Nessa abordagem, uma atividade de aprendizagem tem, pelo menos, três fases, descritas a seguir.

1. Apresentação: contextualização da atividade e apresentação.
2. Desenvolvimento: momento de elaboração e aplicação, para desenvolvimento das habilidades cognitivas e comportamentais.
3. Discussão e *feedback*: fase de debates, considerações e *feedback* acerca do que foi feito, aplicado, elaborado.

Cada fase pode, ainda, ser dividida em subfases ou etapas menores, nas quais, de acordo com a intencionalidade educativa (competência visada), os comandos e orientações são informados aos estudantes. Assim, ao considerar o desdobramento em subfases, uma atividade de aprendizagem pode ter 7 ou 8 momentos distintos numa única aula.

Por exemplo, os estudantes podem, numa das etapas de um projeto, realizar uma entrevista. Como atividade de aprendizagem, visando à realização da entrevista, o professor pode:

- contextualizar a importância da entrevista como meio para obter as informações necessárias para a resolução do problema;
- disponibilizar um texto sobre como elaborar e aplicar uma entrevista e solicitar aos estudantes que: (a) apontem as principais técnicas de entrevista; (b) discutam posteriormente em grupo; (c) escolham a técnica que usarão para fazer a entrevista, justificando a escolha; (d) e, por último, elaborem o roteiro de entrevista de acordo com a técnica escolhida.

O momento de discussão e *feedback* pode ocorrer durante a elaboração (item 2) ou depois, via encontro síncrono ou em momentos de interação presencial. No exemplo apresentado, o item 2, referente à atividade em si, descreve o desdobramento da atividade em quatro subfases, de "a" a "d". A atividade de aprendizagem permite destacar os itens da competência:

- conhecimento — técnicas de entrevista;
- procedimentos — identificar, analisar, elaborar e criar;
- atitudes — tomada de decisão (escolha da técnica) e trabalho colaborativo.

Na área da administração, uma unidade curricular, ancorada na metodologia da aprendizagem baseada em projetos, pode ter como escopo a necessidade da redução de custos de logística e entrega. Ao concluir esse projeto, espera-se que os estudantes elaborem estratégias para a redução de custos. Nesse sentido, as atividades de aprendizagem poderiam envolver:

- contextualização do tema e apresentação da situação-problema;
- estratégia ativa — árvore de problemas (por que a empresa gasta muito?);
- estratégia ativa — *brainstorming* ("tempestade de ideias" de possíveis soluções para os gastos excedentes da empresa);
- entrega — relatório apontando onde cada área gera maiores custos e sugerindo melhores práticas para controle de custos.

Em componentes curriculares de outras áreas, como, por exemplo, na nutrição, pode-se destacar a atribuição do nutricionista de realizar a adequação de fluxos e leiautes na produção de refeições para coletividades (sadias ou enfermas). Compondo uma das etapas da resolução desse projeto (adequação de leiaute e fluxos na produção de refeições), as atividades de aprendizagem poderiam ser:

- contextualização do tema — riscos ocupacionais em unidades de alimentação e nutrição, uso de equipamentos de proteção individual (EPIs) e uso de uniformes — e apresentação do leiaute de uma unidade (cozinha);

- estratégia ativa — *quiz* interativo, com uso de aplicativos, sobre os temas da contextualização para: (a) se apropriarem do conhecimento; e (b) se debruçarem sobre a elaboração da produção do mapa de riscos ocupacionais da unidade apresentada;

- entrega — produção do mapa de riscos ocupacionais da unidade, lista de EPIs e uniformes.

Outro exemplo poderia ser a competência que enfermeiros precisam desenvolver de elaborar planos de ações de enfermagem baseados em vigilância epidemiológica. Nesse contexto, poderiam ser atividades de aprendizagem que levariam ao desenvolvimento da competência:

- contextualização do tema — análise e processamento de dados epidemiológicos e apresentação dos agravos de relevância epidemiológica no município (apresentação de situação-problema);

- estratégia ativa — oficina de uso do departamento de informática do Sistema Único de Saúde do Brasil (DataSUS);

- entrega — relatório de análise do processamento de dados epidemiológicos dos agravos epidemiológicos de maior relevância no município.

DICA DOS ESPECIALISTAS

As construções apresentadas como exemplos evidenciam a importância de que, ao planejar as atividades de aprendizagem, os docentes observem se elas estão alinhadas com o desenvolvimento da competência esperada e, ainda, se de fato permitem ao estudante desenvolver uma parte daquilo que lhe está sendo solicitado que apresente (construção do produto final), utilizando os momentos de encontro com o professor para que ele de fato atue como orientador do processo de aprendizagem, e não apenas como transmissor do conhecimento.

PLANEJAMENTO E GESTÃO DA APRENDIZAGEM

O planejamento das atividades de aprendizagem de forma alinhada à competência que se espera que o estudante desenvolva durante a realização dos projetos é uma ação essencial para docentes. Portanto, essa cadeia de ações (o planejamento) deve ocorrer tendo como principal objetivo tornar a aprendizagem efetiva.

Há certos componentes de uma competência em que a pedagogia tradicional pode apresentar maior êxito, como a transmissão de conteúdos conceituais por meio de aulas expositivas ou vídeos. No entanto, conteúdos procedimentais e atitudinais podem ser mais bem trabalhados por meio da pedagogia ativa, permitindo que o estudante experimente para desenvolver habilidades e atitudes.

Quando o planejamento é fundamentado nas competências esperadas, as atividades de aprendizagem favorecem o desenvolvimento dessas competências e o conhecimento é utilizado como embasamento para que o estudante desenvolva a atividade. Ou seja, o processo de aprendizagem ocorre muito próximo da realidade ou contexto em que as competências serão futuramente aplicadas para a resolução de problemas reais.

Assim, de modo geral, o planejamento e gestão das atividades de aprendizagem com foco no desenvolvimento de competências pode ser composto por quatro passos:

- Passo 1 — determinação da competência desejada;
- Passo 2 — determinação do artefato do saber (produto que servirá como evidência de aprendizagem);
- Passo 3 — determinação das etapas que o estudante vai percorrer para desenvolver o produto (artefato do saber);
- Passo 4 — determinação das atividades de aprendizagem (o que o estudante vai desempenhar em cada etapa da jornada de aprendizagem).

Pensando no desenvolvimento da competência "Elaborar relatório de comportamento do consumidor para tomada de decisões autônomas", necessária aos profissionais administradores, vamos ilustrar a seguir as etapas do planejamento de algumas das atividades de aprendizagem que levariam o estudante a percorrer o caminho de desenvolvimento dessa competência.

- Passo 1 — determinação da competência desejada: *Elaborar relatório de comportamento do consumidor para decisões autônomas e em grupo.*

- Passo 2 — determinação do artefato do saber, isto é, do produto (o que o estudante entrega como evidência da aprendizagem): *Relatório do perfil de tendências do comportamento do consumidor.*

- Passo 3 — determinação das etapas (entregas) que o estudante vai percorrer para desenvolver o produto (artefato do saber). Cada entrega corresponderá a um conjunto de atividades de aprendizagem, com os respectivos conteúdos de apoio para a sua realização. Nesse exemplo, poderiam ser quatro entregas necessárias:
  - E1 Escopo de pesquisa para identificação do perfil do consumidor
  - E2 Instrumento de pesquisa
  - E3 Coleta de dados e discussão da pesquisa
  - E4 Relatório do perfil e tendências do comportamento do consumidor

- Passo 4 — determinação das atividades de aprendizagem, isto é, atividades desempenhadas de forma presencial, síncrona ou assíncrona, que vão permitir a construção das entregas. Tomando como exemplo a E1 ("Escopo de pesquisa para identificação do perfil do consumidor"), o estudante pode ser conduzido na participação e elaboração das seguintes atividades de aprendizagem (AA):
  - AA1 Debate para definir e caracterizar o que é comportamento do consumidor
  - AA2 Identificação das principais tendências de comportamento do consumidor
  - AA3 Identificação dos fatores que influenciam o comportamento do consumidor

Ainda, o planejamento precisa deixar claro o que o estudante vai fazer e como isso será feito. Por exemplo, na atividade de aprendizagem "Identificação das principais tendências de comportamento do consumidor", é preciso pensar: de que maneira ela será conduzida? Essa condução poderá ser a etapa mais crítica do planejamento.

Nesse caso, por exemplo, podem ser aplicadas diferentes estratégias de aprendizagem que levem à identificação das principais tendências de comportamento do consumidor. O detalhamento dessa estratégia é fundamental, pois assim é possível estabelecer uma sequência didática, conforme apresentamos a seguir.

1. Aplicar um estudo de caso que permita a identificação de fatores que influenciam o comportamento do consumidor.
2. Disponibilizar reportagens e pesquisas públicas que evidenciem, por setores, as principais tendências de comportamento do consumidor.
   a. Pedir aos estudantes (comando) que analisem esse material disponibilizado e indiquem as tendências.
   b. Caso queiram, os professores podem disponibilizar objetos instrucionais auxiliares para análise (p. ex.: um quadro em que indicam, de um lado, um excerto da reportagem ou pesquisa e, do outro, a tendência).
3. Depois de apropriados da aplicação do conhecimento, os estudantes devem elaborar um instrumento de coleta de dados (questionário) para ser aplicado em um contexto real, de modo que realmente possam identificar, num pequeno recorte, o que o consumidor vê como tendência.

A atividade de aprendizagem e sua sequência didática devem apontar as evidências de aprendizagem. Do contrário, o processo como um todo poderá ficar abstrato e de difícil compreensão para o estudante.

Assim, ao final desses três momentos, o estudante terá definido o escopo de pesquisa para identificação do perfil do consumidor. Após a definição das atividades de aprendizagem, pode-se pensar, então, nas estratégias ativas que eventualmente auxiliariam no desenvolvimento das atividades. Por exemplo: para ambientar o debate do primeiro momento sobre o comportamento do consumidor, os estudantes podem ser orientados a montar um mural de notícias sobre o tema, fruto de pesquisa prévia realizada por eles. No momento da identificação dos fatores que influenciam o comportamento do consumidor, o professor pode aplicar uma corrida gamificada (*quiz*) com a ajuda de aplicativos gratuitos que permitam o uso desse recurso. O importante é certificar-se de que a atividade e a estratégia/ferramenta (quando utilizadas) sejam parte da solução que o estudante está desenvolvendo. A entrega indica os critérios a serem avaliados posteriormente, ou seja, as evidências de aprendizagem.

As propostas de divisão apresentadas neste capítulo têm como objetivo efetuar o planejamento da aprendizagem privilegiando o tempo em sala para atividades de interação e experimentação — ou seja, construir o tempo da aula para que o espaço esteja de fato destinado à troca e ao desenvolvimento de competências.

Apresentamos a seguir outro exemplo de planejamento, desta vez relacionado com a nutrição, no escopo da elaboração de plano alimentar para indivíduos saudáveis, atividade desempenhada por profissionais nutricionistas na sua rotina profissional.

- Passo 1 — determinação da competência desejada: *Elaborar plano alimentar de acordo com as necessidades nutricionais.*

- Passo 2 — determinação do artefato do saber, isto é, do produto (o que o estudante entrega como evidência da aprendizagem): *Plano alimentar para um indivíduo adulto saudável.*

- Passo 3 — determinação das etapas (entregas) que o estudante vai percorrer para desenvolver o produto (artefato do saber):
  - E1 Avaliação do estado nutricional de adultos saudáveis
  - E2 Determinação das necessidades de energia para adultos saudáveis
  - E3 Determinação das necessidades de nutrientes para adultos saudáveis
  - E4 Plano alimentar elaborado com o uso de *software* para avaliação e prescrição nutricional

- Passo 4 — determinação das atividades de aprendizagem. Para a entrega do "Plano alimentar para um indivíduo adulto saudável", o estudante poderá ser conduzido na participação e elaboração das seguintes atividades:
  - E1 Avaliação do estado nutricional de adultos saudáveis
    - AA1 Contextualização e apresentação do estudo de caso
    - AA2 Avaliação do estado nutricional e determinação do diagnóstico nutricional
    - AA3 Estratégias de organização do plano alimentar
  - E2 Determinação das necessidades de energia em adultos saudáveis
    - AA1 Análise das fórmulas e protocolos de recomendação de energia

- – AA2 Determinação do gasto energético
- – AA3 Oficina: *software* de avaliação e prescrição nutricional
- E3 Determinação das necessidades de nutrientes em adultos saudáveis
  - – AA1 Análise das recomendações nutricionais para macro e micronutrientes
  - – AA2 Determinação das necessidades de macronutrientes e micronutrientes
  - – AA3 Desenvolvimento de plano alimentar individual
- E4 Plano alimentar elaborado com o uso de *software* para avaliação e prescrição nutricional
  - – AA1 Desenvolvimento de plano alimentar individual
  - – AA2 Estratégias de adesão comportamental
  - – AA3 Debate e discussão — apresentação dos planos alimentares elaborados

Tomando como exemplo a E2 ("Determinação das necessidades de energia para adultos saudáveis"), a sequência didática das estratégias utilizadas poderia ser a apresentada a seguir.

- AA1 Contextualização sobre metabolismo energético e apresentação dos protocolos e fórmulas existentes para determinação do gasto energético em adultos saudáveis, seguidas de corrida gamificada para verificação do nível de aprendizagem: em grupos, os estudantes recebem uma lista para resolução de exercícios de determinação de gasto energético; ao final da corrida, ganha o grupo que tiver maior pontuação (número de acertos).
- AA2 Análise do estudo de caso: pedir aos estudantes que retornem ao estudo de caso apresentado inicialmente, para avaliação e determinação do gasto energético total do indivíduo avaliado, para o qual será desenvolvido um plano alimentar. Esta atividade pode ser encerrada com momento de *feedback*, durante o qual o professor pode fazer esclarecimentos e correção conjunta com a turma, verificando se todos obtiveram o mesmo resultado para o paciente avaliado.

- AA3 Oficina prática: neste momento, os estudantes têm acesso ao *software* de avaliação e prescrição nutricional, iniciando o uso da ferramenta. Os estudantes poderão transpor para o *software* todas as informações avaliadas até o momento, utilizando o *software* para determinação do gasto energético. Pode ser solicitado aos estudantes que comparem os resultados obtidos na etapa AA2 com os resultados apresentados pelo programa.

Assim, ao final da etapa 2, o estudante terá determinado a necessidade de energia requerida pelo indivíduo avaliado e, ao final da etapa 4, terá elaborado um plano alimentar, amparado pela orientação docente em cada etapa, experimentando como os conhecimentos, as habilidades e as atitudes desenvolvidas serão aplicados na resolução de problemas relacionados ao cotidiano da profissão escolhida.

A aprendizagem ativa ocorre quando o estudante interage com o tema de estudo (ouvindo, perguntando, discutindo, experimentando e ensinando), o que estimula a construção de novos conhecimentos. O professor atua, então, como orientador, facilitador do processo de aprendizagem.

No contexto da aprendizagem para o desenvolvimento de competências, pode-se estabelecer, portanto, que as atividades de aprendizagem e as estratégias de aprendizagem ativa tenham como objetivo o desenvolvimento de conhecimentos, habilidades e atitudes. De modo geral, as atividades e estratégias permitem o desenvolvimento global desses três aspectos, mas eventualmente o foco de algumas estratégias e atividades pode acabar se voltando mais para um ou outro desses componentes. Essa divisão acaba auxiliando o docente no momento da decisão: o que os estudantes farão em sala de aula? Assim, se o momento for de exigir mais do debate, da construção de conceitos, poderemos pensar em estratégias como mapas mentais, corridas gamificadas e aprendizagem espiral, que levarão os estudantes a pesquisar, sintetizar e debater ideias.

Em momentos em que as atividades de aprendizagem servirão para o desenvolvimento de habilidades (procedimentos), as oficinas práticas, as simulações e o *design thinking* podem ser estratégias interessantes, que permitirão o treino e desenvolvimento das habilidades esperadas. Destacamos, ainda, que o desenvolvimento de habilidades exige momentos de repetição — por exemplo, profissionais da área da saúde devem treinar repetidamente a realização de exame físico ou entrevista de anamnese. Ainda, podem ser utilizadas situações-problema com extrapolação de cenários (estudos de caso, por exemplo), permitindo identificar o quanto os estudantes mobilizam seus conhecimentos, habilidades e atitudes em situações reais ou simuladas, em diferentes cenários.

A prática é essencial, mas é importante certificar-se de que o estudante irá além do "saber fazer": o que se espera é o "sei fazer e entendo o que e por que estou fazendo". Ou seja, é necessário que os momentos de desenvolvimento das habilidades sejam acompanhados da reflexão sobre a ação, trabalhando-se de fato para a construção da aprendizagem efetiva e para o desenvolvimento de competências, escapando do saber fazer mecânico.

O desenvolvimento de atitudes é intrínseco a todas as atividades e estratégias. No entanto, é interessante pensar que, ao mesclar, por exemplo, atividades individuais e em grupo, o estudante estará desenvolvendo diferentes atitudes. De modo geral, as estratégias de aprendizagem ativa favorecem o desenvolvimento de atitudes como colaboração, liderança, comunicação, tomada de decisão, agilidade, trabalho em grupo e solução de problemas, que são tidas como essenciais para cidadãos do século XXI (Figura 3.1).

Figura 3.1 Competências para profissionais e cidadãos do século XXI.
Fonte: Adaptada de Filatro e Cavalcanti (2018).

Ainda assim, algumas estratégias — como desafios (desafio da torre de *marshmallow*), dinâmicas de grupo (desenho às cegas, dinâmica da teia de aranha) e atividades em grupos, que podem envolver até mesmo estudantes de cursos diferentes — podem ser excelentes em momentos pontuais para o desenvolvimento social, pessoal, interpessoal e profissional dos estudantes.

DICA DOS ESPECIALISTAS

Independentemente de qual for a estratégia escolhida pelo docente para promover a aprendizagem ativa, o essencial é que o estudante use o raciocínio, a observação, a reflexão e a interação de forma ativa e combinada, compreendendo a jornada que está percorrendo no desenvolvimento das competências esperadas. O planejamento docente deve ir ao encontro dessa premissa, ou seja, considerar em diferentes momentos a articulação dos conteúdos conceituais, procedimentais e atitudinais.

Diante da grande variedade de métodos e estratégias ativas de aprendizagem disponíveis, é importante enfatizar que seu uso se justifica pela possibilidade de colocar o estudante no papel central do processo de aprendizagem. Isto é, antes de escolher a estratégia a ser utilizada, deve-se determinar qual é a competência desejada; essa é a primeira etapa do planejamento de aprendizagem.

Cabe a nós educadores pensar a sala de aula como um espaço no qual devem ocorrer experiências inovadoras, construídas para formar indivíduos criativos, autônomos, competentes na identificação e resolução de problemas, capazes de trabalhar em equipe e comprometidos com questões importantes do contexto em que vivem.

PLANEJAMENTO COLABORATIVO PARA O DESENVOLVIMENTO DE COMPETÊNCIAS

O planejamento e a gestão colaborativos da aprendizagem implicam que docentes trabalhem juntos no desenvolvimento e na implementação do planejamento da aprendizagem, com todas as suas fases, focando um único objetivo comum: a experiência de aprendizagem do estudante. Docentes

Planejamento e gestão da aprendizagem por competências **89**

devem pensar e construir juntos a jornada de aprendizagem que será percorrida pelo estudante, de forma articulada e organizada.

É interessante pensar essa lógica de planejamento docente dentro do contexto da aprendizagem voltada para o desenvolvimento de competências, em que se espera que o estudante desenvolva uma série de atitudes (relacionadas aos conhecimentos e às habilidades), que incluem o trabalho em grupo, a colaboração e a comunicação, entre outras.

Essa reflexão é desafiadora porque, tradicionalmente, os docentes estão concentrados dentro de suas disciplinas, muitas vezes sem tomar conhecimento do conjunto de atividades planejadas e desempenhadas pelos demais colegas em outras disciplinas. Sendo assim, seria interessante pensar o processo de planejamento pela mesma ótica do que se espera que o estudante desenvolva: capacidade de construção conjunta, colaboração e trabalho em equipe.

O planejamento colaborativo se mostra uma alternativa para a superação desse isolamento docente. No entanto, operacionalizar esse planejamento exige do docente uma série de novas atitudes frente ao processo de ensino e aprendizagem, entre as quais podemos destacar as seguintes:

- flexibilidade;
- criatividade;
- disposição para reaprender;
- paciência e empatia;
- cocriação e compartilhamento;
- abertura a mudanças.

DICA DOS ESPECIALISTAS

Atuar de forma colaborativa no planejamento das atividades de aprendizagem também ajuda os docentes a sentirem mais segurança frente a um cenário de tantas inovações pedagógicas. O planejamento conjunto das competências, entregas e atividades dará visão de conjunto para toda a equipe, auxiliando na definição das estratégias didáticas que melhor servirão à resolução dos desafios.

Durante o planejamento das atividades de aprendizagem, alguns questionamentos podem oferecer direcionamento aos docentes:

- As atividades, reais ou simuladas, têm relação com a vivência profissional ou pessoal do estudante?

- As atividades de aprendizagem compõem uma parte das entregas do produto?

- As atividades de aprendizagem exigem que o estudante mobilize o conhecimento prévio (conteúdos/conhecimento da etapa sala de aula invertida)?

- É possível trazer profissionais de áreas afins para enriquecer o processo de discussão?

- As atividades de aprendizagem fomentam o desenvolvimento de diferentes atitudes?

- Os momentos de trabalho individual e em grupo são combinados e sinérgicos?

Diante de tantas questões, a participação colaborativa dos docentes tende a tornar o processo de planejamento mais rico e criativo, certificando-se de que a sequência didática planejada culminará no produto final desejado ou no desenvolvimento da competência desejada.

Se pensamos em estruturar o processo de aprendizagem para o desenvolvimento de competências, faz sentido pensar que planejar de forma colaborativa é uma maneira de promover ainda mais a aprendizagem significativa e o desenvolvimento do estudante.

O planejamento colaborativo pode resultar em uma série de resultados positivos, tanto para estudantes e docentes quanto para as próprias instituições. Quanto aos estudantes, é possível obter uma melhora nos níveis de motivação, na postura em relação à aprendizagem, no desenvolvimento de atitude colaborativa (espelhamento), na ampliação da visão de debate e na aprendizagem interdisciplinar. Entre os docentes, o planejamento colaborativo resulta em mais segurança e motivação, maior integração, melhora do desenvolvimento profissional, melhora das práticas docentes e redução do isolamento característico das disciplinas, além de promover uma visão ampliada do curso e dos resultados de aprendizagem. Para as instituições, os benefícios incluem maiores níveis de integração curricular e institucional, maior desenvolvimento do corpo docente, melhora do clima organizacional e promoção da cultura da flexibilidade.

Em um cenário educacional que apresenta novas demandas e inovações, o planejamento colaborativo pode ser encarado como uma forma de apoio e aprimoramento docente que visa à melhoria contínua das práticas pedagógicas. Assim como a aprendizagem, o planejamento docente também pode funcionar de maneira colaborativa, o que traz algumas vantagens, como, por exemplo:

- ampliação de conhecimentos pedagógicos sobre metodologias e estratégias (visão de conjunto, cosmovisão);
- reflexão docente e troca de experiências;
- desenvolvimento da cultura da colaboração e partilha pedagógica;
- auxílio na implementação bem-sucedida de novos métodos.

Muitos professores aprenderam a ser docentes sozinhos, planejando e executando as disciplinas sozinhos. Colaborar no planejamento com outros colegas pode ampliar a visão de conjunto e levar ao aprendizado por pares entre docentes. Assim, a aprendizagem por competências extrapola a sua atuação junto aos estudantes, ensinando antes os professores, o que cria um ciclo virtuoso em que todos são favorecidos.

REFERÊNCIA

FILATRO, A.; CAVALCANTI, C. C. *Metodologias inov-ativas na educação presencial, a distância e corporativa*. São Paulo: Saraivauni, 2018.

LEITURAS RECOMENDADAS

CAMARGO, F.; DAROS, T. *A sala de aula inovadora*: estratégias pedagógicas para fomentar o aprendizado ativo. Porto Alegre: Penso, 2018.

DEBALD, B. S.; GOLFETO, N. V. Protagonismo estudantil e metodologias ativas de aprendizagem em tempos de transformação na educação superior. *Pleiade*, v. 10, n. 20, p. 05-11, 2016. Disponível em: https://pleiade.uniamerica.br/index.php/pleiade/article/download/305/422. Acesso em: 28 abr. 2023.

FAVA, R. *Educação para o século XXI*: a era do indivíduo digital. São Paulo: Saraiva, 2016.

FAVA, R. *Trabalho, educação e inteligência artificial*: e era do indivíduo versátil. Porto Alegre: Penso, 2018.

HORN, M. B.; STAKER, H. *Blended*: usando a inovação disruptiva para aprimorar a educação. Porto Alegre: Penso, 2015.

MORÁN, J. Mudando a educação com metodologias ativas. *In*: SOUZA, C. A.; MORALES, O. E. T. *Convergências midiáticas, educação e cidadania:* aproximações jovens. Ponta Grossa: UEPG, 2015. v. 2. p. 15-33.

PERRENOUD, P. *Desenvolver competências ou ensinar saberes?:* a escola que prepara para a vida. Porto Alegre: Penso, 2013.

WIGGINS, G.; MCTIGHE, J. *Planejamento para a compreensão:* alinhando currículo, avaliação e ensino por meio do planejamento reverso. 2. ed. Porto Alegre: Penso, 2019.

ZABALA, A.; ARNAU, L. *Como aprender e ensinar competências.* Porto Alegre: Artmed, 2010.

ZABALA, A.; ARNAU, L. *Métodos para ensinar competências.* Porto Alegre: Penso, 2020.

4

Avaliação

Nos últimos anos, muito se falou a respeito das transformações na educação, da adoção de metodologias ativas de aprendizagem, da intensificação do uso de tecnologias educacionais, da reestruturação curricular, da inserção de componentes curriculares voltados para a aprendizagem por projetos e, ainda, da necessidade de se modificar a gestão acadêmica. No entanto, no que diz respeito ao processo de avaliação, nota-se pouca alteração.

Temos uma longa tradição baseada em avaliações quantitativas, que são evidenciadas principalmente em questões ou exercícios de múltipla escolha ou em provas escritas e que consistem numa forma de avaliar conteúdos. Ao se optar por uma abordagem voltada para a aprendizagem por competências, faz-se necessário modificar também o formato avaliativo. Nesse sentido, é possível compreender a avaliação como uma busca pela melhoria e análise da aprendizagem, que deve envolver todos os aspectos da competência: o conteúdo (conhecimento), as habilidades e as atitudes.

É preciso valorizar a jornada de aprendizagem do estudante e usá-la a favor dele, considerando-a no processo de avaliação e levando todos os atores envolvidos na aprendizagem a refletirem sobre cada realização ou etapa da aprendizagem. Tal premissa vai ao encontro da avaliação formativa. Nesse sentido, é importante dispor de métodos que disponibilizem informações sobre o modo como os estudantes estão sendo competentes.

RUBRICA DE APRENDIZAGEM

A rubrica de aprendizagem é um instrumento que auxilia nesse processo; afinal, ao se propor o desenvolvimento de uma competência, é importante estabelecer os critérios que serão utilizados para evidenciar o progresso na aquisição da competência. Ao mesmo tempo, o estudante passa a ter *feedback* e ciência do que deverá fazer e da forma como será avaliado e acompanhado.

Pode-se dizer que a rubrica agrupa e combina os critérios de avaliação e a progressão (níveis de conquista) em um sistema de escala avaliativa, composta por:

- critérios;
- peso (grau de importância dado a cada critério);
- níveis de conquista (escala de atendimento aos critérios).

Ao planejar a unidade curricular (disciplina ou projeto) e a atividade ativa, os professores devem listar e relacionar os possíveis critérios avaliativos para elaborar a rubrica. Sugere-se que esses critérios sejam pensados de forma que o professor consiga utilizá-los em diversos momentos e etapas da aprendizagem, o que permitirá que o estudante tenha acompanhamento e *feedback* contínuos, em todos os componentes da competência — ou seja, no conhecimento, nas habilidades e nos aspectos atitudinais. Com isso, tem-se a oportunidade de acompanhar e avaliar as *hard skills* e as *soft skills*.

Veja no Quadro 4.1 um exemplo de rubrica de aprendizagem.

A rubrica de aprendizagem é apenas um instrumento de acompanhamento e avaliação, sendo fundamental articulá-la com outros elementos, como, por exemplo, o *feedback*. Ou seja, não basta apenas apontar na rubrica onde o estudante se situa; é necessário fornecer a ele informações de como melhorar seu desempenho.

QUADRO 4.1 Rubrica de aprendizagem

CHA		Critérios	Pesos	NÍVEIS DE CONQUISTA				
				Destaque — entre 91 e 100% (A)	Progride notavelmente — entre 81 e 90% (B)	Progride adequadamente — entre 70 e 80% (C)	Necessita melhorar — entre 50 e 69% (D)	Não atende aos requisitos mínimos para aprovação — abaixo de 50% (E)
Hard skills + soft skills	Conhecimento	**Avaliação objetiva/dissert.** De acordo com critérios estabelecidos pelo NDE/ colegiado do curso.	40%	*Entre 91 e 100% de acertos.*	*Entre 81 e 90% de acertos*	*Entre 71 e 80% de acertos.*	*Entre 55 e 70% de acertos.*	*Abaixo de 55% de acertos.*
	Habilidades (40%)	**Habilidades cognitivas** Emprego das habilidades cognitivas.	20%	*O aluno **compreende, aplica, analisa, sintetiza e avalia** o conhecimento construído no desenvolvimento do projeto/atividades.*	*O aluno **compreende, aplica e analisa** o conhecimento construído no desenvolvimento do projeto/atividades.*	*O aluno **compreende e aplica** o conhecimento construído no desenvolvimento do projeto/atividades.*	*O aluno **compreende** ou **apresenta conhecimento limitado** do projeto/ atividades.*	*Não atende aos requisitos mínimos para aprovação.*
		Comunicação escrita Estrutura, organiza e transmite as ideias de forma clara, objetiva e correta nas atividades de sala/projeto. Usa linguagem compreensiva. Aplica a norma culta na escrita.	10%	*A comunicação escrita é clara, objetiva e **livre de desvios gramaticais e ortográficos**.*	*A comunicação escrita é clara e objetiva. **Contém desvios gramaticais e ortográficos**, mas isso **não prejudica a leitura e a interpretação do texto**.*	*A comunicação escrita **contém desvios gramaticais e ortográficos** que **prejudicam** a leitura e a interpretação do texto.*	*A comunicação escrita **contém desvios gramaticais e ortográficos** que **impedem** a leitura e a interpretação do texto. **A estrutura do texto é desorganizada e confusa**.*	*Não atende aos requisitos mínimos para aprovação.*
		Comunicação oral Clareza, objetividade, organização, cortesia, postura e apresentação pessoal (vestimenta), linguagem profissional e apropriada. Uso de linguagem formal da profissão nas atividades de sala/projeto, com domínio do tema desenvolvido no projeto/atividade.	10%	*A comunicação oral é clara, respeitosa e objetiva, com uso de **linguagem formal da profissão**. Apresentação pessoal (vestimenta) **apropriada**. Oralidade com **domínio do projeto/atividade**.*	*A comunicação oral é clara, respeitosa e objetiva, com uso de linguagem **informal**, **ou** a apresentação pessoal (vestimenta) é **inapropriada, ou** oralidade com **domínio parcial do projeto/ atividade**.*	*A comunicação oral é **parcialmente clara e objetiva**. Apresenta uso de linguagem **informal**. Demonstra **domínio parcial do projeto/atividade**.*	*A comunicação oral é **confusa, desestruturada, sem clareza e objetividade**, evidenciando despreparo e **ausência de domínio do projeto**.*	*Não atende aos requisitos mínimos para aprovação.*

(Continua)

QUADRO 4.1 Rubrica de aprendizagem (*Continuação*)

CHA		Critérios	Pesos	Níveis de conquista				
				Destaque — entre 91 e 100% (A)	Progride notavelmente — entre 81 e 90% (B)	Progride adequadamente — entre 70 e 80% (C)	Necessita melhorar — entre 50 e 69% (D)	Não atende aos requisitos mínimos para aprovação — abaixo de 50% (E)
Hard skills + soft skills	Atitudes	**Protagonismo/autonomia** Capacidade de governar-se pelos próprios meios; capacidade de se autodeterminar.	5,0%	*Participa* **ativamente** *das atividades de sala/projeto.* **Mostra independência** *na busca de conhecimento. Compromete-se com a própria aprendizagem. Sabe gerenciar o desenvolvimento do projeto/atividade. É organizado e faz a gestão do tempo. É responsável pela própria aprendizagem.*	*Participa das atividades de sala/ projeto.* **Esforça-se, dedica-se** *na busca de conhecimento e na resolução das atividades/projeto. É* **comprometido** *com a própria aprendizagem.*	*Participa das atividades de sala/ projeto.* **Depende de colegas/professores** *na busca de conhecimento e no desenvolvimento do projeto/atividade.*	*Demonstra* **pouco ou nenhum** *protagonismo, interesse, engajamento e responsabilidade.*	*Não atende aos requisitos mínimos para aprovação.*
		Interação Interatividade significativa com propósito de aprendizagem colaborativa, quando aplicável.	5,0%	*Contribui ativamente com os colegas, de modo participativo na resolução de atividades/ desenvolvimento do projeto. Demonstra boa convivência e respeito.*	*Contribui com os colegas na resolução de atividades/ desenvolvimento do projeto* **somente quando solicitado.** *Demonstra boa convivência e respeito.*	*Houve pouca interação, contribuiu pouco com o grupo/ colegas.*	*Não houve interação e contribuição. 0%.*	*Não houve interação e contribuição. 0%.*

FEEDBACK

No processo de aprendizagem, quando um estudante é avaliado, é importante que ele saiba o que pode melhorar. Assim, no registro de uma nota, é necessário apontar para o aluno no que ele poderia ter sido melhor e o que pode fazer para ser mais competente.

O *feedback* pode ser um dos maiores desafios diante da cultura docente de avaliação. Afinal, o *feedback* pode levar à progressão na aprendizagem, a partir do estabelecimento de uma relação mais horizontal entre professores e estudantes, indo ao encontro dos novos papéis do professor, como os de mediador, facilitador, orientador e preceptor.

Saber fornecer *feedback* é fundamental, uma vez que expor as pessoas ao nosso julgamento sobre seu desempenho em determinada competência pode, em vez de ajudar a melhorar, inibir seu desenvolvimento. Isso ocorre porque muitos, em vez de ressaltar as conquistas e realizações, se apegam inicialmente aos pontos mais frágeis e à crítica, o que pode inibir a capacidade de aprendizagem do cérebro.

Os professores ou tutores precisam ajudar os estudantes a verem o que está sendo realizado de maneira correta, com excelência, ou seja, compartilhar a percepção do que estão fazendo bem, onde estão sendo competentes. A partir daí, podem evidenciar também os pontos a serem melhorados, as oportunidades para serem mais competentes. Em outras palavras, a abordagem deve ser para frente, para o acerto.

Tal abordagem parte da premissa de que nosso cérebro reage ao *feedback* crítico como se estivesse diante de uma ameaça, bloqueando-a, inibindo sua atividade ou função. Por isso, focar nas deficiências pode ser prejudicial e dificultar o aprendizado.

Quando as pessoas sentem, no *feedback*, alguma ameaça, a reação reduz a capacidade de assimilar as observações que estão sendo feitas, o que, consequentemente, dificulta o processo de colocá-las em prática. Assim, muitos reagem justificando o que haviam feito, procuram ficar na defensiva, ao passo que outros se mostram até mesmo hostis (cruzam os braços, evitam contato visual). Tais comportamentos indicam que os comentários fornecidos podem ter sido quase nulos, ou seja, que eles podem não surtir os efeitos desejados na aprendizagem e na aquisição da competência.

A avaliação pelos colegas e a autoavaliação podem ser ferramentas fundamentais, pois auxiliam o estudante a refletir e ver por si só onde poderia ter melhorado. Muitas vezes, os colegas fornecem *feedbacks* melhores do que os dos professores, colocando-se no lugar do outro. Em vez de relatarem "o *feedback*", eles comunicam algo como "Se eu estivesse no seu lugar, teria feito..." ou "Quando fiz a atividade, pensei dessa maneira, pois...". Assim, em detrimento de dizer o que o estudante poderia fazer, um ponto-chave no *feedback* é retratar o que poderia ser melhorado e o que teria feito na posição de estudante. Veja no Quadro 4.2 alguns exemplos de *feedback*.

QUADRO 4.2 *Feedback*

Em vez de	Tente
Posso lhe oferecer um *feedback*?	É importante que possamos ser sinceros e diretos um com o outro. Tenho algumas preocupações que podem ajudar na realização de (...). Quando vi sua demonstração (ou o resultado) da sua atividade, pensei (...).
É isso que você deveria fazer.	Eu faria diferente. Eu faria (...).
Eis uma lista do que você precisa melhorar; eis o que você precisa melhorar.	Vivenciei situações em que isso funcionou melhor assim: (...), e eis o porquê: (...). Isso poderia ter sido aplicado melhor assim: (...). Aqui está o que seus colegas fizeram que se aplicou ou funcionou melhor, vamos ver por quê.
Isso não funciona; não é assim.	Quando você fez "a", compreendi "b". Seu colega fez assim: (...). Eu teria feito assim: (...).
Você precisa melhorar sua habilidade de falar em público (comunicação oral).	Quando você disse tal coisa, não entendi. Senti que poderia ter abordado por outra perspectiva, usando outras palavras.
Você deveria ter feito isso.	Com relação a isso em que você sente que está tendo dificuldade, pense e me diga se fez algo semelhante no passado, em outra disciplina ou projeto, que tenha funcionado. Tenho algumas preocupações para discutirmos e tenho certeza de que poderemos solucioná-las.
Você é muito inteligente.	Você se esforçou e encontrou a solução sozinho.
Parabéns! Ótimo texto! Você escreve muito bem.	Você se dedicou na escrita. Quando você se esforça, o resultado aparece no texto.

Um *feedback* pode ser mais eficaz a partir do cultivo do relacionamento. Quando estudantes se sentem mais conectados aos professores ou tutores, são mais propensos a absorver e compreender os aspectos que devem ser melhorados, as lacunas a serem preenchidas no desenvolvimento da competência.

Erros são boas oportunidades de aprendizagem, e comunicar aos estudantes que eles podem e devem errar pode ser libertador. Todos erram, e compreender que errar faz parte da natureza do aprendizado pode estimular mais ainda a aprendizagem, que envolve desafios e dificuldades.

Muitos elogiam erroneamente, reforçando crenças que, em um primeiro momento, podem parecer favoráveis, mas que, em outro momento (do erro), podem ter efeito contrário. É preciso ensinar a lidar com erros e frustrações. A maneira como o professor ou tutor transmite o progresso na aprendizagem é basilar nesse processo. Em outras palavras, o *feedback* é fundamental para comunicar ao estudante que ele está em uma jornada de aprendizagem, que, como tal, é também um caminho de crescimento pessoal e profissional em que não há nada determinado ou fixo — tudo depende do quanto cada um consegue lidar com a situação e aprender.

A psicóloga Carol Dweck (2017) menciona que o elogio deve ser direcionado não para o resultado, mas para o processo. O estudante que no *feedback* é elogiado por sua inteligência tende a se manter na zona de conforto, como forma de compensar ou se posicionar perante os demais como "inteligente", fazendo de maneira brilhante atividades mais simples, que demandam menos esforço. Já o aluno que é encorajado a superar desafios maiores e mais complexos se esforça mais para aprender coisas novas.

Vemos, portanto, que ciclos de *feedback* podem favorecer a aprendizagem por competências, incentivando e estimulando o crescimento cognitivo, intelectual e comportamental. No entanto, ainda existem muitos desafios em relação à avaliação como meio para o desenvolvimento de competências.

DESAFIOS PARA SE AVALIAR O DESENVOLVIMENTO DE COMPETÊNCIAS

Para se afirmar que um estudante é competente em algo que faz ou aprendeu, é necessário que ele demonstre o que aprendeu. Assim, é natural que o estudante registre seu aprendizado e o resultado dele, materializando sua produção estudantil em um portfólio.

O portfólio é um espaço onde o estudante registra os processos (etapas) e os resultados da aprendizagem (artefatos do saber) de uma disciplina ou projeto. Muitos cursos não regulados já perceberam a importância desse registro e usam a metodologia de projetos para que seus alunos "coloquem a mão na massa" durante o curso e, ao final, demonstrem que aprenderam e sabem fazer, por meio da publicação de produtos da aprendizagem em redes sociais profissionais.

Ao evidenciar e registrar cada etapa da aprendizagem, o portfólio permite avaliar o aluno durante o percurso da aprendizagem, indo ao encontro da avaliação processual. Assim, à medida que o estudante elabora o produto da aprendizagem, tem a oportunidade de ser acompanhado e avaliado, etapa a etapa, em vez de ser avaliado apenas no final (avaliação somativa).

Nesse sentido, a avaliação por competências apresenta algumas premissas:

- acompanhar o estudante, etapa a etapa, durante sua jornada de aprendizagem, fornecendo *feedbacks* constantemente;
- promover e materializar resultados que efetivamente demonstrem que o estudante adquiriu a competência;
- estabelecer critérios que permitam verificar a aquisição (ou não) da competência;
- definir instrumentos de avaliação por competência;
- tornar a aprendizagem visível para todos os envolvidos.

A aprendizagem visível permite evidenciar o que um estudante aprendeu e coletar as informações, tornando o processo claro. Nessa perspectiva, faz-se fundamental desenvolver instrumentos de avaliação e acompanhamento que sejam diferentes das tradicionais provas ou avaliações de conteúdo e que possam fornecer tais informações a todos. Quando fica evidente o que professores, tutores e alunos estão compartilhando no processo de aprendizagem, naturalmente ocorre um processo de retroalimentação da motivação em aprender, de ambas as partes.

Tal concepção amplia a percepção de como a avaliação é pensada e utilizada atualmente. Assim, o processo avaliativo tradicional ganha novos contornos para a gestão da avaliação da aprendizagem. Os instrumentos avaliativos são, sob essa ótica, meios pelos quais professores, tutores e estudantes vão obter dados para tomadas de decisão que melhorem a aprendizagem.

Por se tratar de um meio para o desenvolvimento da competência, a avaliação pode ser diversificada e abrangente, ou seja, ir além de provas objetivas e dissertativas, de maneira que permita verificar o estágio do processo de aprendizagem, as etapas realizadas, o percurso, os ajustes e os aprofundamentos. As etapas e os momentos de avaliação podem ser diversos, complementares e convergentes. Não é preciso destacar dia ou semana de provas, mas usar esses momentos de maneira favorável, o que pode até mesmo minimizar o estigma negativo da avaliação formal. Afinal, aprendemos o tempo todo.

Assim como temos a oportunidade de aprender o tempo todo, também podemos melhorar continuamente e aprender cada vez mais, por meio do acompanhamento da aprendizagem por diferentes instrumentos ou recursos. Desse modo, podemos ser avaliados diariamente, semanalmente, mensalmente ou em outra periodicidade.

Por fim, talvez um dos maiores desafios que se pode ter no processo avaliativo seja superar a cultura da avaliação por conteúdos, centrada na memorização, substituindo-a por uma cultura que permita e incentive o erro, que leve ao crescimento pessoal e profissional e, como se trata de competência, que ao final leve o estudante a realmente demonstrar que aprendeu, ou seja, que é competente.

REFERÊNCIA

DWECK, C. *Mindset*: a nova psicologia do sucesso. Rio de Janeiro: Objetiva, 2017.

LEITURAS RECOMENDADAS

ALVES, L. P. Portfólios como instrumentos de avaliação dos processos de ensinagem. *In*: ANASTASIOU, L. G. C.; ALVES, L. P. (org.). *Processos de ensinagem na universidade*: pressupostos para as estratégias de trabalho em aula. 6. ed. Joinville: Univille, 2006. p. 101-120.

BARKLEY, E. F.; MAJOR, C. H. *Técnicas para avaliação da aprendizagem:* um manual para os professores universitários. Curitiba: Pucpress, 2020.

BENDER, W. N. *Aprendizagem baseada em projetos*: educação diferenciada para o século XXI. Porto Alegre: Penso, 2014.

BOALER, J. *Mente sem barreiras*: as chaves para destravar seu potencial ilimitado de aprendizagem. Porto Alegre: Penso, 2020.

BURCKINGHAM, M.; GOODAL, A. *Por que o feedback falha*: criticar as pessoas não as ajuda a atingir a excelência, há uma forma melhor. São Paulo: Harvard Business Review Brasil, 2019.

CAMARGO, F; DAROS, T. *A sala de aula digital*: estratégias para fomentar o aprendizado ativo, on-line e híbrido. Porto Alegre: Penso, 2021.

FREITAS FILHO, F. L. Aplicação de avaliação formativa por meio de rubricas em um projeto pedagógico. *In*: VILAÇA, L. D.; LANARI, R. A. O. *Experiências de ensino e aprendizagem na universidade:* diálogos entre Brasil e Finlândia. Belo Horizonte: Letramento, 2019. p. 121-130.

MIRANDA, J. R. O Webfólio como procedimento avaliativo no processo de aprendizagens: sentidos, significados e desafios. *Informática na Educação:* teoria & prática, v. 20, n. 2, p. 272-286, 2017. Disponível em: https://seer.ufrgs.br/index.php/InfEducTeoriaPratica/article/view/63731. Acesso em: 28 abr. 2023.

SCALLON, G. *Avaliação da aprendizagem numa abordagem por competências.* Curitiba: PUCPress, 2015.

ZABALA, A; ARNAU, L. *Como aprender e ensinar competências.* Porto Alegre: Artmed, 2010.

5

Desafios e perspectivas

A pandemia da covid-19 desafiou a educação e intensificou o uso da tecnologia, forçando a adoção da virtualidade e da interação mediada por ferramentas digitais. O sistema educacional brasileiro, assim como em outros países, foi obrigado a se adaptar, inicialmente por meio da oferta do chamado "ensino emergencial". Depois, com a retomada da presencialidade, evidenciou-se a necessidade de se repensar a educação.

Assim, com a digitalização da educação, percebe-se a integração cada vez maior da aula assíncrona com a síncrona ou, ainda, de momentos *off-line* (presencial) com momentos *on-line* (EaD). Nessa perspectiva, a sinergia entre as modalidades presencial e EaD, que antes se mostrava distante, mostrou-se oportuna, indo ao encontro da busca por maior qualidade no processo de ensino e aprendizagem por meio da educação híbrida.

Diversas pesquisas apontavam para essa integração sinérgica, como, por exemplo, o estudo intitulado "A sala de aula de 2030 e o aprendizado para a vida: a tecnologia indispensável" (2018), realizado pela Microsoft e pela McKinsey. O estudo indicou que a necessidade de mudança era percebida pelos professores, dos quais 67% concordavam com a personalização da aprendizagem. Também mostrou que os professores veem na tecnologia a oportunidade de otimização de 20 a 30% do seu tempo.

Essa otimização pode ser observada na possibilidade de automatizar tarefas operacionais, como a correção de avaliações de aprendizagem. Isso libera tempo de atividade docente para outras atividades inerentemente humanas, como, por exemplo, o acompanhamento do estudante, a orientação, a personalização da aprendizagem.

Nesse sentido, também cabe mencionar que, em setembro de 2020, a União Europeia lançou um novo plano de ação para a educação digital, repensando práticas e redefinindo suas ações, evidenciadas em dois pontos principais: desenvolvimento de um ecossistema de aprendizagem digital e estímulo e desenvolvimento de competências digitais.

A tecnologia vem transformando a sociedade, impactando a vida das pessoas e o mundo do trabalho. Nesse contexto, um desafio é a preparação de sujeitos e profissionais capazes de aprender, viver, trabalhar e prosperar em um universo cada vez mais digital, mas também humano — com desafios e problemas complexos que exigirão o uso tanto da tecnologia quanto de habilidades humanas, como o pensamento crítico e a criatividade. Outro desafio consiste no desenvolvimento de sistemas de aprendizagem voltados para essas habilidades ou competências; afinal, muitas das profissões de hoje poderão ser substituídas por profissões que ainda não existem.

Se caminhamos para uma sociedade digital, com base em dados, informação e conhecimento, precisamos ir, independentemente de profissão ou área de atuação, em direção a essa nova realidade. Instrumentalizar professores e estudantes para esse cenário é imprescindível, de maneira a tornar possível a construção de novos sujeitos, saberes e sociedade, como um todo. A cultura digital, a tecnologia digital e o pensamento computacional estarão cada vez mais presentes no nosso dia a dia.

Tal cenário evidencia os novos papéis do professor, como os de gestor da aprendizagem, mediador e orientador. Em outros termos, o professor pode ter seu papel potencializado para o desenvolvimento de habilidades naturais e inerentes ao ser humano, uma vez que a tecnologia tende a substituir tarefas rotineiras e operacionais, liberando as pessoas para pensar, refletir e criar.

Entre as tarefas e atividades que podem ser otimizadas pela tecnologia, é possível destacar as elencadas a seguir.

- Planejamento: auxílio na elaboração de planejamento da aprendizagem, da elaboração da trilha e de roteiros de aprendizagem de maneira mais eficiente.

- Gestão de aprendizagem: acompanhamento de tarefas, cumprimento de metas de aprendizagem, geração de relatórios individuais e da turma, diagnóstico de lacunas de aprendizagem, inserção de conteúdos para redução de *gaps* de aprendizagem e preceptoria personalizada.
- Interação virtual: interação e aproximação entre os alunos *on-line* e *off-line*, de diferentes regiões e culturas, por meio de recursos como vídeos, jogos, ambiente virtual de aprendizagem, entre outros.
- Criação e disponibilização de conteúdo: professores têm a oportunidade de criar e disponibilizar antecipadamente seu próprio material de aula ou, ainda, de utilizar materiais didáticos de terceiros para otimizar tempo relacionado à reprodução de conteúdos em sala de aula e, assim, poder se dedicar efetivamente ao desenvolvimento de competências (em detrimento do ensino de conteúdos).
- Avaliação *on-line*: o processo de avaliação de aprendizagem pode ser otimizado com padrões de resposta previamente definidos.
- Tutoria: possibilidade de os estudantes terem contato com tutores especialistas para resolverem dúvidas, antes ou depois da sala de aula.

Portanto, se por um lado a tecnologia possibilita que os alunos acessem conteúdos (por meio de, por exemplo, vídeos e textos) de modo *off-line* e desenvolvam *hard skills,* por outro, ela permite que o docente se volte para o desenvolvimento das *soft skills,* ou seja, das habilidades mais humanas, como a inteligência emocional. A educação híbrida pode proporcionar essa entrega, mas exige planejamento, uma nova maneira de se pensar a educação, bem como uma mudança nos processos e na operação.

Em resumo, podemos concluir que se mostra cada vez mais necessária uma educação capaz de reduzir a lacuna entre o *on-line* e o *off-line*, aproximando o físico do digital, de maneira a articular e entregar maior qualidade no processo de ensino e aprendizagem, que deve ser voltado também para a sinergia entre as *hard skills* e as *soft skills*. O compartilhamento de ideias e experiências é fundamental nesse processo. O planejamento colaborativo e uma nova forma de se pensar em competências e diferentes maneiras de desenvolvê-las permitirão que a educação desempenhe seu verdadeiro papel: o de transformar vidas e impulsionar o mundo.

REFERÊNCIA

A SALA de aula de 2030 e o aprendizado para a vida: a tecnologia indispensável, relatório resumido. [*S. l.*]: Microsoft, 2018. Disponível em: https://info.microsoft.com/rs/157-GQE-382/images/PT-BR-CNTNT-Whitepaper-Education-Class-of-2030-report.pdf. Acesso em: 28 abr. 2023.

LEITURAS RECOMENDADAS

BLIKSTEIN, P. 'O que determina a qualidade da educação é a pedagogia, não a tecnologia', diz professor de Columbia. *Estadão*, 24 set. 2021. Disponível em: https://educacao.estadao.com.br/noticias/geral,o-que-determina-a-qualidade-da-educacao-e-a-pedagogia-nao-a-tecnologia-diz-professor-de-columbia,70003848060. Acesso em: 28 abr. 2023.

CAMARGO, F.; DAROS, T. *A sala de aula digital:* estratégias para fomentar o aprendizado ativo, on-line e híbrido. Porto Alegre: Penso, 2021.